近代区域文化系列

台湾史话

A Brief History of Taiwan

程朝云 / 著

社会科学文献出版社
SOCIAL SCIENCES ACADEMIC PRESS (CHINA)

图书在版编目（CIP）数据

台湾史话/程朝云著.—北京：社会科学文献出版
社，2012.6
（中国史话）
ISBN 978 – 7 – 5097 – 2953 – 3

Ⅰ.①台…　Ⅱ.①程…　Ⅲ.①台湾省－地方史－
远古～1949　Ⅳ.①K295.8

中国版本图书馆 CIP 数据核字（2012）第 107924 号

"十二五"国家重点出版规划项目

中国史话·近代区域文化系列

台湾史话

著　　者／程朝云

出 版 人／谢寿光
出 版 者／社会科学文献出版社
地　　址／北京市西城区北三环中路甲 29 号院 3 号楼华龙大厦
邮政编码／100029

责任部门／人文分社　（010）59367215
电子信箱／renwen@ssap.cn
责任编辑／高世瑜
责任校对／王翠荣
责任印制／岳　阳
总 经 销／社会科学文献出版社发行部
　　　　　（010）59367081　59367089
读者服务／读者服务中心（010）59367028

印　　装／北京画中画印刷有限公司
开　　本／889mm×1194mm　1/32　印张／5.75
版　　次／2012 年 6 月第 1 版　　字数／111 千字
印　　次／2012 年 6 月第 1 次印刷
书　　号／ISBN 978 – 7 – 5097 – 2953 – 3
定　　价／15.00 元

总　序

　　中国是一个有着悠久文化历史的古老国度，从传说中的三皇五帝到中华人民共和国的建立，生活在这片土地上的人们从来都没有停止过探寻、创造的脚步。长沙马王堆出土的轻若烟雾、薄如蝉翼的素纱衣向世人昭示着古人在丝绸纺织、制作方面所达到的高度；敦煌莫高窟近五百个洞窟中的两千多尊彩塑雕像和大量的彩绘壁画又向世人显示了古人在雕塑和绘画方面所取得的成绩；还有青铜器、唐三彩、园林建筑、宫殿建筑，以及书法、诗歌、茶道、中医等物质与非物质文化遗产，它们无不向世人展示了中华五千年文化的灿烂与辉煌，展示了中国这一古老国度的魅力与绚烂。这是一份宝贵的遗产，值得我们每一位炎黄子孙珍视。

　　历史不会永远眷顾任何一个民族或一个国家，当世界进入近代之时，曾经一千多年雄踞世界发展高峰的古老中国，从巅峰跌落。1840 年鸦片战争的炮声打破了清帝国"天朝上国"的迷梦，从此中国沦为被列强宰割的羔羊。一个个不平等条约的签订，不仅使中国大量的白银外流，更使中国的领土一步步被列强侵占，国库亏空，民不聊生。东方古国曾经拥有的辉煌，也随着西方列强坚船利炮的轰击而烟消云散，中国一步步堕入了半殖民地的深渊。不甘屈服的中国人民也由此开始了救国救民、富国图强的抗争之路。从洋务运动到维新变法，从太平天国到辛亥革命，从五四运动到中国共产党领导的新民主主义革命，中国人民屡败屡战，终于认识到了"只有社会主义才能救中国，只有社会主义才能发展中国"这一道理。中国共产党领导中国人民推倒三座大山，建立了新中国，从此饱受屈辱与蹂躏的中国人民站起来了。古老的中国焕发出新的生机与活力，摆脱了任人宰割与欺侮的历史，屹立于世界民族之林。每一位中华儿女应当了解中华民族数千年的文明史，也应当牢记鸦片战争以来一百多年民族屈辱的历史。

当我们步入全球化大潮的 21 世纪，信息技术革命迅猛发展，地区之间的交流壁垒被互联网之类的新兴交流工具所打破，世界的多元性展示在世人面前。世界上任何一个区域都不可避免地存在着两种以上文化的交汇与碰撞，但不可否认的是，近些年来，随着市场经济的大潮，西方文化扑面而来，有些人唯西方为时尚，把民族的传统丢在一边。大批年轻人甚至比西方人还热衷于圣诞节、情人节与洋快餐，对我国各民族的重大节日以及中国历史的基本知识却茫然无知，这是中华民族实现复兴大业中的重大忧患。

中国之所以为中国，中华民族之所以历数千年而不分离，根基就在于五千年来一脉相传的中华文明。如果丢弃了千百年来一脉相承的文化，任凭外来文化随意浸染，很难设想13亿中国人到哪里去寻找民族向心力和凝聚力。在推进社会主义现代化、实现民族复兴的伟大事业中，大力弘扬优秀的中华民族文化和民族精神，弘扬中华文化的爱国主义传统和民族自尊意识，在建设中国特色社会主义的进程中，构建具有中国特色的文化价值体系，光大中华民族的优秀传统文化是一件任重而道远的事业。

当前，我国进入了经济体制深刻变革、社会结构深刻变动、利益格局深刻调整、思想观念深刻变化的新的历史时期。面对新的历史任务和来自各方的新挑战，全党和全国人民都需要学习和把握社会主义核心价值体系，进一步形成全社会共同的理想信念和道德规范，打牢全党全国各族人民团结奋斗的思想道德基础，形成全民族奋发向上的精神力量，这是我们建设社会主义和谐社会的思想保证。中国社会科学院作为国家社会科学研究的机构，有责任为此作出贡献。我们在编写出版《中华文明史话》与《百年中国史话》的基础上，组织院内外各研究领域的专家，融合近年来的最新研究，编辑出版大型历史知识系列丛书——《中国史话》，其目的就在于为广大人民群众尤其是青少年提供一套较为完整、准确地介绍中国历史和传统文化的普及类系列丛书，从而使生活在信息时代的人们尤其是青少年能够了解自己祖先的历史，在东西南北文化的交流中由知己到知彼，善于取人之长补己之短，在中国与世界各国愈来愈深的文化交融中，保持自己的本色与特色，将中华民族自强不息、厚德载物的精神永远发扬下去。

《中国史话》系列丛书首批计 200 种，每种 10 万字左右，主要从政治、经济、文化、军事、哲学、艺术、科技、饮食、服饰、交通、建筑等各个方面介绍了从古至今数千年来中华文明发展和变迁的历史。这些历史不仅展现了中华五千年文化的辉煌，展现了先民的智慧与创造精神，而且展现了中国人民的不屈与抗争精神。我们衷心地希望这套普及历史知识的丛书对广大人民群众进一步了解中华民族的优秀文化传统，增强民族自尊心和自豪感发挥应有的作用，鼓舞广大人民群众特别是新一代的劳动者和建设者在建设中国特色社会主义的道路上不断阔步前进，为我们祖国美好的未来贡献更大的力量。

陈奎元

2011 年 4 月

作者小传

　　程朝云，安徽桐城人。中国社会科学院研究生院近代史系博士，中国社科院近代史研究所助理研究员。曾发表论文《抗战初期的难民内迁》、《光复初期台湾农会与合作社分合问题》、《战后台湾农会的制度改革（1950~1954）》等多篇，参与撰写《台湾史稿》。

目 录

一　近代以前台湾的开发

　　台湾地处我国东南，地理位置非常重要，物产和矿产资源也很丰富，有"宝岛台湾"之称。由于与大陆隔了一道台湾海峡，又距离我国传统的政治经济中心中原较远，所以台湾的开发相对较晚，明代中后期开始有大量汉人前往台湾，从事贸易与土地开发。荷兰殖民统治台湾时期，曾招徕大陆移民前往台湾从事农业。郑成功收复台湾后，不仅鼓励大陆移民来台并进行垦荒，还将大陆的政治制度和文教制度带到台湾。清朝统一台湾后，在台湾设府，隶属福建省。由于清代迁到台湾的大陆移民数量更多，加速了台湾的开发进程，到康熙末年，西部平原的开发就已呈现饱和状态，并转向丘陵地带发展，而台湾也逐渐从移垦社会走向文治社会。

 台湾的地理环境和早期开发

　　台湾位于我国东南，西隔台湾海峡与福建省相望，其东为浩瀚的太平洋，北临冲绳、琉球群岛，往南过巴士海峡则离菲律宾群岛不远，居我国大陆、南洋和琉球的要冲，地理位置非常重要，有"南洋门户，七省藩篱"之称。台湾由台湾本岛及其附属岛屿、澎湖列岛及钓鱼岛群岛等组成，总面积约3.6万平方公里。其主要组成部分台湾岛是我国第一大岛，岛内多山，中央山脉纵贯南北，地势上中部高，东西低，平地与山地几乎各占一半。因河川冲刷，在东西近海地区形成几个较大的适宜农耕地区，如台南平原、屏东平原、宜兰平原、台东纵谷平原，另外又有台中盆地、台北盆地等。全岛大部分地区属亚热带季风气候，气温高、日照强、雨量丰富，适合水稻、甘蔗及其他农作物的生长，农作物一般一年两熟甚至三熟。台湾素有"粮仓"之称，矿产资源蕴藏也很丰富，加之山川秀美，因此被称为"宝岛台湾"。

根据考古发掘，距今约5万年前的更新世冰河时代晚期，台湾已有人类生活的痕迹。在冰河时代，台湾曾与我国东南沿海陆地相连，直到公元前8000年冰河时代结束，海水上涨形成台湾海峡，才将台湾岛与大陆隔开。因此台湾的早期住民，一部分由中国大陆长途跋涉而来；另有一部分则是从东南亚一带南方海岛迁至，属于所谓南岛语系。这些早期住民是今天台湾少数民族的祖先。

台湾和祖国大陆很早就有联系。公元230年，时值三国时代的吴国，曾派遣将军卫温、诸葛直率领官兵1万名"浮海求夷洲及亶州"，到达了当时称为夷洲的台湾。到隋代，台湾在我国官方文献里被称为"流求"，公元 607 年，隋炀帝遣人入海，到达流求。至宋代，文献明确记载了汉人开发澎湖的活动，宋朝政府还在澎湖驻军防守，将澎湖划归福建晋江县管辖。元朝，大陆移民在开拓澎湖之后，向台湾岛发展，一些大陆商人在大陆与台湾之间开展贸易活动。元朝政府在澎湖设立巡检司，是我国在台湾地区最早设置的行政管理机构。明朝是两岸关系发展更为密切的时期。明朝初年，信国公汤和曾率兵至澎湖，但澎湖"居民叛服不常"，为防止逃亡海上的方国珍、张士诚旧部借澎湖卷土重来，明朝政府实行迁界移民、坚壁清野政策，将澎湖人民移至福建泉州、漳州，废巡检司。但在东南沿海人口逐渐饱和的情况下，仍有大陆人民移居澎湖、台湾，到明代中叶，前往台澎两地的汉人更多。还有一些大陆商人携武装力量，活动于台澎各地，从事大陆与台澎及日本等地间的贸易。其中最为有名的如郑芝龙，他以台湾为根据地，发展武装力量，进行两岸间的走私贸易活动。为扩大队伍，郑芝龙经由福建巡抚熊文灿批准，在福建发生饥荒时，以钱、米等招募大量饥民去台湾垦荒，此举促进了台湾的人口发展和土地开发。由于东南沿海经常受到倭寇、海盗侵袭，嘉靖年间，抗倭名将俞大猷为抗击倭寇，在澎湖驻军，并治理其地。万历二十年（1592 年），明政府增加澎湖的游兵，加强在澎湖地区的军事力量。明朝末年，因农民起义和清军入关，大陆战火纷飞，更多的大陆移民迁至台湾。

明朝后期，台湾由于地理位置特殊，在海上贸易中的作用非常重要，引起了西班牙、荷兰等国的觊觎，并被荷兰人殖民统治38年。15世纪末16世纪初是西方国家发展海上霸权，开辟从西方前往东方新航线的重要时期。循着新航线，葡萄牙、西班牙等欧洲海上强国先后来到东方，前者租借澳门作为基地，后者在菲律宾建立据点，均试图以武力为后盾，直接掌控东西方之间的贸易。葡萄牙人某次在经过台湾海峡时，遥望台湾岛，看见云雾缭绕，绿树葱郁，因而感叹其为"伊拉，福尔摩沙"，即美丽的岛屿的意思，台湾后来因此又有美丽岛、福尔摩沙（Formosa）之称。16世纪末，荷兰脱离西班牙独立，成为海上殖民势力的后起强国。1602年，荷兰成立东印度公司，在爪哇的巴达维亚（雅加达）建立根据地，并于日本设立商馆。当时荷兰和日本之间的贸易渐趋繁盛，而荷兰从日本输入的商品中最为重要的是中国产的生丝。为了能够直接从中国输入生丝和其他特产品，以获得更高额利润，荷兰人先是进攻澳门，试图从葡萄牙人手中夺取澳门，但被明朝政府和葡萄牙联合出兵阻止。荷兰人转而寻求侵占澎湖，以此作为与中国贸易的根据地。1604年8月和1622年6月，荷兰人两次侵入澎湖，第一次被福建总兵施德政派出的都司沈有容领兵劝走，第二次依然受到明朝福建官员的强烈反对和武力驱赶。1624年8月，慑于明朝军队的威力，荷兰入侵者接受中国商人李旦的斡旋，从澎湖撤走，福建官员则口头表示允许他们到台湾贸易。1624年9月，荷兰人即以福建官员的口头承诺为据，率舰队从澎湖撤往台湾，从此开始了对台湾 38 年的殖民统治。

荷兰人到达台湾后，先在台湾南部的大员（今台南安平）建设城堡，称为奥伦治城，后改名为热兰遮城。热兰遮城几经扩建，于 1632 年完成内外城建设，成为荷兰殖民者统治台湾的行政中心和坚固的军事基地。侵占台湾第二年，荷兰人又在赤坎（今台南市）兴建一座规模较小的城堡，称为普罗文遮城（又称赤坎城）。在南部站稳脚跟后，荷兰殖民者开始由南向北一路扩张，以烧杀抢掠逼迫台湾各地村落的头人签署归顺协议，到 1645 年底，荷兰人控制了台湾西部平原，并将势力扩展到东部。与此同时，荷兰人向占领台湾北部的西班牙人也发起了攻击。在荷兰人占领大员两年后，因久闻台湾北部有金、银矿产，并盛产米谷、鱼、贝等物，西班牙人在北部三貂角（今台北县贡寮乡）登陆，于鸡笼（今基隆）建圣萨尔瓦多城，并从此统治台湾北部达 16 年。西班牙人在台湾热衷于传播天主教，引起台湾土著民族的反抗。1641 年 8 月，荷兰人派遣船队自大员开往鸡笼，向西班牙人递交劝降书，被西班牙人拒绝。1642 年 8 月，荷兰殖民者再派船队向北部进军，在荷兰人到达之前，西班牙人的炮台遭到北部土著民族的袭击，荷兰人很快击败西班牙殖民者，并将其从台湾赶走，荷兰殖民者的势力扩展到台湾北部。

荷兰对台湾的殖民统治直接受荷属东印度公司的指挥。东印度公司不但享有在东方从事独占贸易的特权，还被荷兰政府授予开辟殖民地、建立海陆军的权力，在其控制区域拥有行政、司法、立法等大权。当时台湾的最高官员由公司派遣，称为台湾长官；同时，设有"评议会"，作为决策机构，评议长在行政上是长官的副手，评议员则由公司派驻台湾的商务员、军队首领等组成，另设有政务员、税务员、会计长、检察长、法院院长等职务。就连牧师等神职人员也由公司支薪，协助公司进行殖民统治。公司还向台湾派驻军队，约有1000人。在殖民机构之下，荷兰殖民者逼迫当地土著民族签署归服条例，在土著民族村社中设置长老进行管理，后又将各村社长老组成地方议会，直接受公司派出的政务员领导。在汉人聚居区域，也同样以汉人中有势力的人士为长老，统治汉人。荷兰殖民者实行民族隔离政策，严禁汉人与土著民族接触，土著民族和汉族移民均处于被统治、被压迫的地位。但对于汉人中的一些有势力人士，殖民者较为笼络，这些人往往从事垦殖和商业，富甲一方，和荷兰人有较多的接触。为笼络这些汉人领袖，荷兰殖民者给予他们一定的经济利益，如允许他们申请领垦大量土地，然后招佃农耕种，耕地农民向垦主缴纳地租，垦主则缴纳稻作税作为田赋；又如让他们承包征税，按比例给予他们一定的分成等。

经济方面，荷兰殖民者将土地、猎场、渔场等都据为公司所有，台湾人民耕种土地、打鱼、捕猎等，都必须缴纳租税，各种税收项目名目繁多。为发展农业，殖民者还招募大陆移民到台湾，向其提供耕牛、农具、种子。这些汉族移民带来较好的农业生产技术，荷据时期，台湾的甘蔗、水稻生产都有所发展，稻米、砂糖成为台湾重要的输出品。但经济发展的成果均被殖民者攫取，荷兰人每年从台湾收取大量税收，其中大部分作为公司纯利上缴到巴达维亚。

在岛内，荷兰殖民者统治、压迫土著民族和汉族移民，驱使他们为殖民者的经济利益服务，并以武力为后盾，传播基督教与西方文化，对台湾人民的任何一点反抗立即进行残酷镇压，这种殖民专制统治激起了台湾人民的反抗。1652 年，在郭怀一的领导下，台湾曾爆发大规模的反抗斗争，表明此时汉族移民在台湾已积聚起一定的力量，荷兰人在台湾的殖民统治已现危机。对外，荷兰人以台湾为贸易中转站，试图垄断东亚的海上贸易，这势必与活跃在台湾一带的商人集团发生矛盾。其中在台湾已有一定根基的郑芝龙集团，同荷兰殖民者的冲突尤为剧烈，在 17 世纪 30~40 年代，双方或战或和，反复多次，彼此在海上贸易方面的利益冲突，无法真正化解。

1646 年，清军入闽，原拥立唐王朱聿键建立南明隆武政权的郑芝龙投降清朝。其子郑成功成为郑氏集团的领袖，以金、厦为基地，带领郑氏集团走上反清复明之路。当时大陆的反清斗争已渐趋低落，郑成功需要寻找新的反清斗争根据地。与此同时，荷兰人与郑氏集团的海上贸易冲突没有解决，并且残暴地欺压台湾人民，郑成功认为台湾是他父亲的产业，在必要时应当收回，对台湾人民，他也负有保护的责任。因此，1661 年 4 月，郑成功率领军队向台湾进发，对台湾的荷兰殖民者发起攻击。由于荷兰殖民者依恃热兰遮城坚固的城防和充足的粮食、弹药储备固守，斗争持续了数月，直到次年1月底，荷兰人才决定投降。1662年2月1日，荷兰台湾长官揆一开城投降，并在当天和郑成功签订条约。2月17日，荷兰殖民者撤出台湾，荷兰人在台湾38年的殖民统治宣告结束，郑成功收复台湾。

郑氏政权在台湾历经三代，共计22年，对台湾开发做出重要贡献。郑氏政权将大陆的政治制度和文教制度带到了台湾。1661年5月，郑成功将收复的赤坎地方改为东都明京，并仿照郡县制，在台湾设一府二县，即承天府、天兴县、万年县，承天府治即设于荷兰人所建的赤坎城，二县则以新港溪为分界。郑成功病亡后，其子郑经袭位，于1664年改东都为东宁，升天兴、万年二县为州，又设立南路安抚司、北路安抚司和澎湖安抚司，在州、司之下，设坊、里，坊设签首，里设总理，管理民事。1665年，郑经采纳谘议参军陈永华的建议，在台湾建孔庙，设学校，教以经学文章，从学院、府学、州学到社学，从上到下建立起较为完整的一套教育体系。又制定颁行科举办法，实行科举与学校合一的制度。

郑成功到台湾后，积极鼓励垦荒，实行"寓兵于农"的制度。他颁布了开垦条例，允许文武各官按照人口圈占土地，作为家业；各镇官兵则分驻各地，鼓励他们垦荒。又将荷据时期的王田改为官田，另置私田、营盘田，营盘田即为军队驻扎、屯垦之田。此外，郑成功还鼓励东南沿海人民移居台湾,当清廷实行五省迁界政策时,郑成功下令保护并帮助闽浙沿海居民。郑氏经营台湾期间,除民间移民外,更有几次大规模的军事移民,台湾汉族人口数量大为增加,约达12万人,其中士兵占有很大比例。在郑氏集团的鼓励大陆移民垦荒政策下,台湾耕地面积大为增加,加上水利的兴修,农业技术的改良,台湾农业生产得到很大发展,粮食连年丰收,自给有余,其他手工业也得到相当程度的发展。对于人数达6万多的土著民族,郑氏集团实行民族和睦政策,对土人头领予以优待,严禁滋扰土著村庄,维护土著民族的根本利益;同时向土著居民传播农业技术,帮助他们发展生产。因此,郑氏集团统治台湾期间,虽然底层民众税负等负担较重,但台湾社会相对比较稳定。

清政府统一台湾与台湾的开发

对于台湾的郑氏政权,清政府曾在招抚与征伐之间摇摆不定。郑成功病逝后,郑氏集团内部曾分为拥立其子郑经和拥立其弟郑袭继位为王的两派,清廷借此内斗之机,数次派人到厦门招抚郑经,但双方未能谈判成功。清廷转而采取武力解决方针,联合荷兰人进攻金门和厦门。在清廷的武力围攻与高官厚禄诱惑两手策略下,郑氏不少官兵投降,郑经只好放弃福建沿海岛屿,退守台湾。清军攻占大陆沿海岛屿后,曾打算乘胜追击,1664年(康熙三年)11月和次年5

月，福建水师提督施琅率郑氏降将两次向台湾进发，均因天气原因半途受阻，无功而返。此后清廷又两次派人到台湾招抚，允诺郑氏永守台湾，并开放沿海对台贸易，郑氏则须改奉清朔，称臣纳贡。但郑经坚持要"援朝鲜例"，不肯剃发，两次谈判均无结果。1674年（康熙十三年），"三藩之乱"爆发，郑经企图趁机反攻大陆沿海，率师参战，但结果无功而返。清廷在平定三藩后，采取多手准备，一方面在军事上加紧建造船只，训练水师；经济方面，则重行迁界令，强迫沿海居民迁入内地 10 里或 20 里；政治上又多次派人招降。此时郑氏政权内部渐显败相，郑经兵败回台后，日渐消沉，内外政事交予陈永华、冯锡范、刘国轩等人。1681 年 3 月，郑经去世，亲子克塽与养子克臧又发生继位之争，12 岁的郑克塽在其岳父冯锡范拥护下杀克臧继位。郑克塽幼弱无能，大小事情皆由冯锡范掌控，郑氏政权内部逐渐上下离心。面对政治局势的不稳和清廷的武力威压，郑氏军队逐渐丧失斗志，与清军暗通款曲甚或直接降清者时有发生。长达多年的拉锯战，也增加了郑氏政权的财政负担，不得不连年在台湾和福建沿海推行重税摊派，人民日益不满，社会安定受到影响。

1681 年 7 月，清廷内部逐渐统一了认识，康熙做出进取澎湖、台湾的决定，重新起用原郑氏降将施琅为福建水师提督。1683 年（康熙二十二年）7 月，施琅率军进攻澎湖，与刘国轩率领的郑军精锐部队展开较量，郑军战败，损失惨重，仅刘国轩率少数人逃回台湾。澎湖战役以后，郑氏政权受到沉重打击，军心涣散，全无斗志，加上施琅在澎湖对降清的官兵给予优待，并派人做刘国轩的工作，郑氏政权内部主降者占据主流。1683年9月17日，郑克塽率众向清方递交正式降书，上缴延平王册印。10月3日，施琅前往台湾，接受郑氏的归降。至此，清政府统一台湾，实现了全国统一。

清朝统一台湾后，清廷内部对于台湾曾有弃留的争议。有官员认为台湾孤悬海外，蛮荒未辟，如果纳入版图进行统治，将耗费大量财力、人力，不如将当地汉人迁回大陆，以澎湖作为东边门户的锁钥。但闽浙总督姚启圣、福建水师提督施琅、都察院左都御史赵士麟等人主张保留台湾，施琅在其《恭陈台湾弃留疏》中指出，台湾实际上"沃野膏土，实为肥饶之区、险阻之域"，且为东南数省的屏障，如果放弃，必为外国人侵占，而澎湖不毛之地，不及台湾十分之一，"无台湾则澎湖不能守"。清廷最终决定保留台湾，于1684年（康熙二十三年）在台湾设府，隶属福建省，从此台湾被正式纳入清朝统治版图。

清朝在台湾地区设置的最高权力机构为分巡台厦兵备道，最高官员称为道台，属福建巡抚治下。台厦兵备道管辖的区域横跨台湾海峡，包括台湾、厦门两地，道台每半年轮流驻守台湾和厦门。在台湾，道台衙门设于台湾府（台南）城西安坊。在分巡台厦兵备道之下，台湾治理机构又分为文官和武官，也就是行政与军事两个系统。行政系统为一府三县，台湾府位于台南东安坊，以知府为最高文官，其下设台湾（在今台南）、凤山、诸罗（今嘉义）三县；军事系统则设台湾镇台，以总兵为最高武官，统辖水陆两军，在镇台之下，将全台分为5个警备区，即府城、南路、北路、安平和澎湖。因认为"乱自内生，鲜有外至"，清朝早期的治台方针，侧重"以防台而治台"。为防止官员有二心，清政府规定驻台官员任期为三年，到期必须调离，且家眷必须留在大陆，作为牵制。清政府早期在台湾戍兵10营，约1万人。对于驻兵，清政府实行"班兵"制度，规定三年一轮调，士兵均由福建、广东等地调来，同样不得携眷来台，且漳州兵不得驻漳籍移民村，泉州兵不得驻泉籍移民村，以防兵民相通。这种消极的治台策略，使台湾官员难以用心政务，行政区划范围过大，也使行政控制能力常显不足，随着更多大陆移民来台，台湾进一步开发，这种弊端日渐显现。

在打败郑氏政权之前，清政府曾经实行全面海禁。统一台湾后的第二年，清政府开放海禁，大量福建、广东等地的人口迁移到台湾。因为上述地区此时人多地少的矛盾越来越严重，下海贸易和出洋谋生早已成为缓解这一矛盾的重要途径，人口稀少、大量土地未开发的台湾因而吸引了不少东南沿海人口。大量移民的到来，使清朝驻台官员深感管理上的压力，1718年（康熙五十七年），清政府颁布了渡台禁令，规定要渡船到台湾者，必须获得原籍地方照单，并经台厦兵备道稽查，以及台湾海防同知审验批准，严禁偷渡来台；

渡台者不得携带家眷，已经去往台湾的，也不可以招家眷来台；广东地区因为海盗多藏匿于此，所以禁止该地人民渡台。上述渡台禁令清政府实行多年，但禁令很难阻止闽粤两地人民为生计而渡台，合法的途径既受阻，偷渡现象即广泛存在，清政府曾被迫五禁三弛，直至1875年（光绪元年）沈葆桢奏请解除，该项禁令才完全废止。在清朝统治台湾期间，因大量移民来台，台湾人口增加迅猛，从清朝统一台湾的第二年，也就是1685年，到嘉庆年间的1810年代，台湾人口约增加了180万，其中大部分是大陆移民。

大量大陆移民的到来，加速了台湾的开发进程。清代以前，台湾的土地拓垦主要在台湾南部，集中于以今天台南为中心的地区，其他地区即使有开发，也只是零星进行，所以早期凤山知县和诸罗知县都暂居台南，而不驻任所。大陆移民大量来台后，先是开发西部平原，由台南地方逐渐向北拓垦到台北淡水河流域，向南则发展到高雄下淡水溪流域。到康熙末年，西部平原的开发已呈现饱和状态，不少移民转而向丘陵和山地发展，如嘉庆年间吴沙开垦噶玛兰（今宜兰），黄林阿等人开发埔里社等。到清朝末年，台湾除高山地区及台东、花莲外，已大体完成开发。

伴随土地的开垦、水利的兴修，加上大陆移民带来先进的农耕技术，清代台湾农业生产得到很大发展。清代台湾主要农产品仍为水稻和甘蔗，平原地区也有玉米、花生、甘薯等其他作物的种植。稻米和砂糖主要输往大陆，从事两岸间贸易的商人再从大陆输入纺织品等日用手工业品。随着两岸间贸易的日渐发达，台湾的贸易商人之间，成立了一种类似商业公会的组织"郊"，早期成立的"郊"多以贸易地点作为名称，也有以贸易的特定商品命名的。两岸间贸易的发达，促成了台湾一些港口城市的兴盛，南部的台湾府城、中部的鹿港、北部的艋舺，成为台湾最重要最繁荣的商业中心，形成所谓"一府二鹿三艋舺"。

大陆移民的到来，也将大陆文化传入台湾。随着大量移民入台，中华传统文化进一步传入，初期偏于下层的民俗文化，受到渗透影响，台湾社会逐渐由移垦社会转向文治社会。在此过程中，各地书院的逐渐增加以及官学的发展，起到了很重要的作用。

移垦生活充满艰辛和种种考验，初到台湾的汉族移民，身处陌生的环境，会面临土著民族出草的危险，会遭遇瘴气疾病的困扰，还要缴纳高昂的田租、税赋，生活压力很大。至于那些没有家室、恒产，没有固定工作的游民，生活更不安定。这种特殊的情境，需要以群体的力量来应对，台湾的汉族移民因而逐渐形成依宗族而居或同乡群居的社会联结方式。这种重宗族、重地缘的移民社会特质，有一定的弊端，即容易造成族群间的矛盾，如粤籍与闽籍移民的矛盾，泉州籍与漳州籍的矛盾，甚或不同宗族间移民的矛盾等。由于清初限制移民携带家眷，这些只身在外、无家眷顾忌的移民往往好勇斗狠，加上台湾传统社会习武盛行，风气好斗，族群矛盾很容易引发集体械斗，因而造成清代台湾械斗现象非常严重。据不完全统计，从1768

年（乾隆三十三年）到 1860 年（咸丰十年），台湾共发生不同类型的械斗事件 55 起，其中因地缘矛盾引起的械斗 47 起。

械斗现象的产生，虽然有诸多原因，但政府统治力量的薄弱，对社会控制能力的不足，也是很重要的一环。政府统治力量的薄弱，加上游民充斥，使清代前期台湾社会充满不安定因素，一遇矛盾，即会造成械斗、民变，甚至农民起义这样大规模的事件，清代台湾因此有"三年一小反，五年一大反"之说。清朝前期曾爆发几次较大规模的农民起义，如 1721 年（康熙六十年）爆发的朱一贵起义，1786 年（乾隆五十一年）发生的林爽文起义，都是有数十万人参加、几乎席卷全台的大事件。农民起义暴露出人民与官府之间的深刻矛盾，这种矛盾很大程度上因吏治不良引起，地方官员、胥吏、差役和士兵经常欺压、勒索平民百姓，导致人民将斗争的矛头直指当权者。农民起义对清政府造成极大冲击，因而在平定几次重大起义后，清政府采取了一系列措施，如：改善吏治，派得力官员治理台湾；调整、添设行政机构，形成一府（台湾府）四县（台湾、凤山、彰化、嘉义）三厅（淡水、澎湖、噶玛兰）的行政格局；采纳蓝鼎元的意见，在台湾推行保甲和团练制度，以加强对基层社会的控制；等等。

对台湾的土著民族，清政府实行保护、同化政策。清代，台湾的土著民族被称为"番族"，根据其汉化程度，又被分为"熟番"和"生番"。熟番多生活在平地，和汉人接触较多；生番则居于深山，与汉人接触甚少。清代大量汉族移民的迁入，以及土地开发的深入进行，对台湾的土著民族形成很大冲击。在平原地区已渐次完成开发后，汉族移民的开垦活动逐渐侵及土著民族的领地，他们通过买卖、租赁或者与土著民族妇女结婚等方式，从土著民族手中取得土地，有些移民甚至以武力从土著民族手中夺取土地。为保护土著民族的权益，免于其在土地开发活动中受损，清政府颁布了一系列限制汉人在"番族"地区活动的措施，对于欺压土著民族的社商、社棍等，也规定给予惩治，同时减轻土著民族的社饷负担，设立南、北理番同知以处理汉、"番"纠纷。林爽文起义后，由于土著民族在清廷镇压起义的过程中功不可没，清政府更特别设置"番屯"，给予一定的土地，让平乱有功的土著民族耕种。但上述措施不能真正阻止汉族移民的进一步拓殖，乾隆以后，平地逐渐被汉族移民拓垦殆尽，平地土著民族的土地面积越来越小。伴随土著民族地区逐渐被汉族移民开发，土著民族或被动或主动地与汉族移民有了更多的接触、交往，一些平地土著民族向汉人学习先进的农耕技术，逐渐改变过去粗放的农业经营方式；汉"番"杂居、经商、通婚等一系列汉族与土著民族的交往活动，也使土著民族与汉族逐渐走向同化与融合。

二 鸦片战争以来台湾的外患

康、雍年间的治台良吏蓝鼎元曾提出警示，台湾须防范外患，因"台湾海外天险，最利垦辟，利之所在，人所必趋。不归之民，归之番，归之贼，即使内乱不生，野番不起，又恐寇自外来，不可不早为绸缪也"。蓝鼎元对外患的担忧在 1840 年鸦片战争爆发后成为现实，由于清政府的腐败无能，中国的门户被英国强行打开，而台湾因其特殊的地理位置和丰富物产，自此成为列强觊觎和侵扰的对象。

 ## 台湾开港与外资进入

1840 年，英国以中国严禁鸦片输入为借口，发动了第一次鸦片战争，清政府的腐败无能，使此次战争以中国的失败而告终。1842 年，清政府在南京与英国签署了中国历史上第一个不平等条约——《中英南京条约》，清政府割让香港岛给英国，并开放沿海的广州、福州、厦门、宁波、上海五处港口为通商口岸，中国的门户从此被打开。台湾也因此受到影响，被迫

17

开港通商，外商资本得以流入台湾，并改变了台湾的社会经济结构。

（1）鸦片战争和台湾开港

第一次鸦片战争也波及台湾。和广东、福建一样，台湾也是鸦片走私最猖獗的地区，英国商船常常到台湾，进行私售鸦片和收购樟脑等非法活动，英国在战争之前对台湾就有觊觎之心。1840 年 7 月，英军进犯厦门，被击退后又北上浙江，闽浙沿海的警讯，使一海之隔的台湾也处于危险之中。闽浙总督邓廷桢意识到台湾防务的重要性，要求台湾镇、道及澎湖协营等严加防备，道光皇帝也谕令加强台湾防务，台湾兵备道姚莹、台湾镇总兵达洪阿则同心协力，积极筹防。当时驻台清军有 1.4 万人，其中水师 3000 人，鉴于水师装备落后，只有不到百艘木质战船，为扬长补短，姚莹等人决定严守口岸，尽量不和敌人在海上决战。为弥补兵员不足，姚莹等人还发动全岛民众积极备战，招募数千名乡勇、水勇布防各口岸，同时敦促地方各庄总董头人招募团练壮勇，预备一旦有警，"半以守庄，半以听候调用"。

由于军民一心，严密防范，台湾在战争期间虽受到部分英军的袭扰，但英军均未得逞，在抗英斗争中，台湾军民取得了基隆之战和大安港之役两次重大胜利。9 月 30 日晨，英军双桅杆大型运输舰"纳尔不达"号驶入鸡笼港，炮轰二沙湾炮台和清军兵营。当地军民立即还击，发炮击断英舰的桅杆索械，英舰狼狈败逃，慌乱之中，触礁船碎，英兵纷纷落水，舰上人员除 34

人乘仅有的一艘救生艇逃往广东外，其余 240 人或溺水，或被俘。台湾守军分头追逐格杀，这一战共斩杀英军 32 人，擒获 133 人，缴获大炮 10 门，并缴获炮弹、图册等物，取得了抗英斗争的首次胜利。10 月 19日，又有一艘英军三桅舰船驶抵鸡笼口，并于当日下午驶近万人堆，声言要以每名洋银百元的代价，索回被俘英军，防守军民均置之不理。27 日，英舰突然驶入港内，直扑二沙湾炮台，大炮齐发，轰毁炮台石壁和营房数处。守军立即开炮还击，在当地民众配合下，与敌激战两天，击毙英兵 2 人。英军见山险人众，守军戒备森严，难以取胜，于 29 日撤往外洋北去。英军总指挥璞鼎查在浙江获悉英舰在鸡笼被中国守军击破、英军士兵被俘的消息后，于 1842 年初派颠林率兵船多艘及汉奸等前来台湾，探听情况。3 月 5 日，颠林率领的舰队到达台湾。姚莹、达洪阿遵照"不与海上争锋"，而"以计诱其搁浅，设计歼擒"的战略，严行戒备。11 日，一艘军舰在淡水、彰化交界的大安港外洋欲行入口，被守军所雇募的渔船诱入土地公港，触礁搁浅。守军伏兵趁势放火炮，义首兵勇奋力围击，杀死侵略军数十名，生擒 50 余人，夺取大炮 10 门，另外还夺回英军从定海营中抢去的铁炮、鸟枪及腰刀等物，取得了大安港之役的胜利。

台湾军民抗英斗争的胜利，不能改变无能的清政府在鸦片战争中的失败命运。《中英南京条约》打开了中国的大门，中国开放五口通商后，外国船只经常经过台湾海峡，北部鸡笼产煤，可供船只补给燃料，处于东南沿海门户的台湾，因此成为列强窥伺的重要目标。1843 年，台湾道熊一本就指出，英轮常在淡水海面游弋，并不时乘舢板登陆，研究地形，测绘地图。英国海军还曾对台湾北部的煤炭进行调查，1850 年，英国驻华公使兼香港总督文翰（S. G. Bonham）先后照会两广总督徐广缙和闽浙总督刘韵珂，希望购买台湾鸡笼山煤矿，遭到拒绝。除英国外，美国对台湾表现出更强烈的野心。美国商人奈伊（Gideon Nye）曾以其兄在台湾近海遇险失踪为由，调查台湾的情形，收集资料。1853 年，奈伊致函美国驻华代办彼得·巴驾（Peter Parker），建议美国政府出兵占领台湾南部的红头屿，作为太平洋航线的基地。1854 年，美国东方舰队司令贝理（M. C. Perry）借口寻找遇险罹难水手，派船前往台湾进行各项调查活动，并在回国后写成调查报告，建议美国政府占领台湾岛。同年，美国驻宁波领事哈里斯（Townsend Harris）也写了一份长达 100 多页的建议书给美国国务卿，在详细叙述台湾的历史、资源及现状后，建议美国政府用钱收买台湾。美国驻华代办彼得·巴驾对占领台湾更为积极，多次建议政府采取行动。

当英美等国垂涎台湾之时，借口"亚罗号事件"和"马神甫事件"，英法两国于 1856 年发动了第二次鸦片战争。此时的清政府因受太平天国农民起义的重创，更加无力抵抗外敌的入侵。1858 年，清廷战败求和，与英、法、美、俄在天津签订《天津条约》，台湾（今台南安平旧港）和淡水成为新增通商口岸。因当时列强在中国均享有"片面最惠国待遇",根据利益一体均沾原则,列强在台湾、淡水二港均可通商,建教堂、学校和医院,各国人也可在两地携眷居住,建造房屋,台湾的门户自此被列强打开。

1861年,英国首任驻台副领事郇和(Robert Swinhoe)抵达台湾,并于该年年底前往原定开放口岸淡水,英国领事馆即设于淡水。1862年,淡水口岸设关的筹备工作准备就绪,税关设于沪尾守备旧署,以英国人豪威尔(Howell)为首任副税务司,并于7月18日开始正式开关征税。当时台湾北部的实际商业区在艋舺及其北邻的大稻埕,英国驻淡水代理领事因而要求,将淡水河沿岸各地均纳入淡水口岸。根据《天津条约》,台湾开放口岸原仅有安平和淡水两地,1863年,闽海关税务司美里登(Baronde Meritens)以多收鸦片税款为由,请求总理衙门,获准以鸡笼口作为淡水子口,打狗(今高雄)为台湾府子口。1863年10月1日,鸡笼口开港。南部原定以打狗港为子口、安平港为正口,但实际上以打狗港为正口。1864年5月6日,打狗港开关,马克斯韦尔(William Maxwell)出任税务司。1865年1月1日,安平分关开设,属打狗关管辖。至此,台湾四个通商口岸的设关工作基本完成,南北四口岸均对外开放。

(2)开港后台湾社会经济的转变

淡水、打狗等四口岸开放之后,外商得以进入开放港埠进行贸易,各国纷纷在通商口岸设立海关和领事馆,外商也陆续设立洋行,作为贸易机构。由于对外贸易迅速兴起，洋行逐渐取代各通商口岸原有行郊的商业机能，行郊日益没落。从台湾正式开港，到1895年台湾被割让前夕，各国在台湾设立的洋行多达数十家，其中比较著名的有怡和洋行、德记洋行、宝顺洋行、东兴洋行、美利士等，在这些洋商中，又以英国商人实力最强。由于各国外商拥有雄厚的资金，先进的交通、通信设备和严密的商业网络，并且在中国拥有众多特权，中国本土商人根本难以与之竞争，外商逐渐掌控了台湾的贸易。

在开港以前，台湾的贸易对象主要是大陆，从事两岸贸易的商人将台湾出产的稻米，经由厦门等地输往大陆，再由大陆输入纺织品和其他日常生活用品。开港后，台湾对外贸易发展迅速，国外市场成为台湾的主要贸易对象。根据海关统计，1865年，台湾进出口总值为226万余海关两，到1894年增至1269万余海关两，为原来的5.6倍。其年平均增长率远超过全国对外贸易增长水平。

台湾开港后的出口贸易，以茶、糖和樟脑为大宗。茶在台湾开港前有少量种植，所产粗制茶在运往厦门、福州等地精制后，再被转运到其他地方出售。1862年，英国人约翰·多德（John Dodd）从福建安溪运来茶苗和茶种，分给台北各地茶农试种，同时贷款给农民以奖励茶树的栽培。1867年，多德收买一批粗制茶运往福州精制后，转往澳门销售，获得意外的高价和好评，多德因此更在台北一带鼓励茶叶生产，并从大陆聘来茶师，在台北大稻埕建立精制茶厂，自行加工精制。

1869 年，多德以帆船载运台制乌龙茶，以台湾茶（Formosa Tea）为商标，销往美国纽约，结果大受欢迎，这是台湾茶直接外销的开始。此后台湾茶的名声传布国际市场，外商慕名而来。1872 年，有德记洋行等 5 家外商洋行，前来台湾收购茶叶。茶叶市场的热销，带动茶价上涨，进而促使茶农增产，茶叶栽培面积扩大，北部许多丘陵地带被开垦成茶园。1865 年，台湾茶叶输出量仅 8.2 万公斤，到 1885 年，也就是光绪十一年，台茶输出已增至将近 800 万公斤，20 年间增加了近百倍。到日本占领前，茶叶成为台湾最大宗的出口商品，其输出额几乎占到台湾对外贸易输出总额的一半。台糖的输出对象在开港前主要是大陆和日本，开港之后，输出地扩大到澳洲、西欧、北美及南美等地。台湾产蔗糖质地优良，很受外国消费者欢迎，开港后出口量增长很快，到 1872 年，其外销数量达 30 余万担，约占台糖输出总额的一半。1874 年至 1884 年间，由于世界其他产地食糖减产，台糖外销市场兴盛，其年均外销额达 46 万担，最高时达 75 万余担，约占输出总额的 75%。1885 年之后，国际糖业市场供过于求，糖价下跌，台糖在竞争中失利，外销市场缩小到日本、香港等地，年外销额减至 20 万～30 万担。台湾是世界上最重要的樟脑产地，台湾开港后的 1868 年至 1881 年，樟脑年均出口量在 1.1 万担以上。进入 19 世纪 80 年代以后，樟脑成为制造赛璐珞和无烟火药的主要原料，欧美市场对樟脑需求旺盛，外商因此大量收购樟脑，运销海外市场。从 1891 年到 1894 年，年均出口量近 3 万担，1894 年最多时更达近 4 万担。

不仅在出口贸易中，大陆市场的重要性日渐降低，在进口贸易中，台湾的贸易对象也主要变成国际市场。开港后台湾的主要进口商品是鸦片和纺织品。自 1858 年《中英通商章程善后条约》签订后，鸦片被冠以"洋药"之名，成为合法的进口货品。在 1862 年至 1895 年的台湾进口货物总值中，鸦片的货值每年都居于首位，并几乎占一半以上，不但严重危害人民健康，影响军队战斗力，而且部分外商直接以鸦片作为购买茶、糖、樟脑的支付代金，阻碍了台湾经济发展的资本积累。纺织品是仅次于鸦片的进口商品，开港后，来自英国的洋布逐渐取代大陆产的"南京布"，成为台湾人民的衣料来源。从 1882 年起，日本棉布也开始进入台湾市场，与英国产纺织品竞争，至日本占领台湾前，日本产棉布已与英国产洋布平分秋色，占进口洋布总数的一半。

开港对台湾经济发展产生了很大影响。如前所述，开港后，本土的郊商不敌外商，外商资本不仅掌控了台湾的对外贸易，在新兴的茶业领域，外商资本还进入种植和加工环节，进一步对台湾经济产生影响。开港也造成台湾经济中心的北移。台湾的开发自南部开始，开港前，台湾主要的输出品是稻米，而稻米的种植也主要集中于南部，因此开港前台湾的经济中心在南部。开港后，茶和樟脑成为重要的外销品，二者主要产于北部和中部的丘陵、山地，茶的加工生产更集中于台北大稻埕等地。茶和樟脑的大量出口，带动了北部经济的发展，经济中心有北移之势。

开港后茶、糖、樟脑等的外销，还带动了山地的拓垦和市镇的兴起。为因应外销的需求，增加茶、糖、樟脑等的产量，北部的山区逐渐被开垦为茶园，出产樟脑的北、中部山地因此也成为汉人拓垦的对象，而南部的屏东地区也因汉人要增加甘蔗种植面积而得到开发。在经过清朝前中期的土地大范围拓垦后，此时这些边际土地进一步得到开发和利用。随着北部茶业、樟脑业的发展，在茶和樟脑生产或集散的地区，开港后兴起了许多新市镇。其中，大稻埕因为是茶叶加工、集散的中心，由开港之初的一个小村，逐渐发展成为全台第二大城。有些开发较早的北部城镇，则因茶和樟脑的转运而更为繁荣。南部与蔗糖业有关的城镇，因蔗糖业历史悠久，其兴起虽在开港以前，但开港后的蔗糖贸易增加了其繁荣程度。至于鸡笼、淡水、安平和打狗四个通商口岸，更由于对外贸易和商业的繁荣以及洋行、领事馆等的设立，呈现出都市化发展趋势。相对于四个通商口岸的繁荣，旧有的鹿港、笨港、梧栖、后龙等西部港口，由于未开放对外贸易，加上港口淤塞，则只能维持部分繁荣，甚或走向没落。

市镇的兴起和山区的开发，改变了台湾移民的方向。开港前，大陆移民到台湾，主要被土地开发吸引，多属农业移民，且多流向平原地区。开港后，一方面，因茶业生产和樟脑采集获利颇丰，来自福建、广东等地的新移民，多前往北部山区开垦；台湾一些原来种稻的农民，也因稻米生产相对利薄，而被吸引到北部，使台湾北部的人口得到很大发展。山地，主要是北部山地成为移民的一个重要方向。另一方面，开港后四个通商口岸及附近地区的商业繁荣和农产品加工业的发展，吸引了众多岛内外人口向市镇涌入，形成开港后台湾人口流动的又一趋势。

开港还造成台湾豪绅与买办阶层的崛起，以及客家移民社会地位的提高。开港以前，台湾经济以出口米、糖及与中国大陆贸易为主体，社会上最有地位的人是从事农业拓垦的地主和从事对大陆贸易的郊商。开港以后，贸易对象由中国大陆扩大至全世界，出口商品由米、糖转而为茶、糖、樟脑，郊商势力趋于没落，未参与对外贸易相关事务的地主阶级地位也有所下降。在外国洋行和台湾商人中间充当中介的买办，则成为新兴阶层，部分买办独立经营后，凭借对洋务的熟悉和灵活的手腕，累积了庞大的财富，成为台湾社会的新贵。大稻埕经营茶业的李春生，掌控打狗砂糖贸易的陈福谦，即为买办新贵的代表。开港后，少数传统豪族因拥有武力，易于取得茶园、樟脑产地，也获致大量财富，并因为有力量保障茶、樟脑的生产，同官方关系密切，在政治上获得特权与支持，因此成为真正的豪绅阶层，如板桥林维源、雾峰林朝栋等。台湾的大陆移民以来自福建的闽南人和来自广东的客家人为主，客家移民多居于北部的丘陵和山地，在台湾经济以米、糖生产和贸易为主干时，客家移民的经济地位较近海平原的闽南移民为低。开港后，茶和樟脑成为主要输出商品，客家移民主要分布区的桃园、新竹、苗栗等丘陵地和山地得到大举开发，客家移民得以从种茶和熬制樟脑中获利，从而累积财富，社会地位也因此逐渐提高。

开港后台湾社会的又一变化，是西方文化的再度传入。在荷兰、西班牙统治时期，台湾曾受到西洋文化的影响，荷兰殖民者试图将基督教传入台湾，西班牙殖民者则在台湾传播天主教。清朝统一台湾后，先后采取禁教和闭关自守政策，外国人不能到台湾自由贸易或传教，以宗教传播为主的西方文化的传入因此中断。台湾开港以后，外国人可以到通商口岸经商和生活，传教士也可自由进出台湾。随着对外贸易的发展，西方的商业经营与管理模式逐渐冲击台湾原有的商业形态，西方文化对台湾人民的生活习惯、建筑观念等，都带来相当程度的影响，基督教的传入对台湾本土文化产生的冲击尤其大。开港以后，西方传教士以通商口岸为据点，开始在台湾传教。清末来台传教士所属教派繁多，其中以基督教长老教会派势力最大。来台基督教长老教会分成两大系统，大甲溪以北由加拿大传来，以马偕为代表；大甲溪以南则来自英国，由马雅各、甘为霖、巴克礼等人传入。这些传教士为了博得台湾人民的好感，在台湾举办教育、医疗以及慈善事业，在传入基督教的同时，也将西方文化引入台湾社会。

台湾开港后的几次"外交"事件

自开港通商以后，台湾即曾发生几次较大的"外交"事件，其中比较著名的有"罗发号"事件、大南澳侵垦事件和樟脑纠纷。

首先是 1867 年美国"罗发号"船难事件。台湾海峡一向船难频发，1867 年 3 月，一艘美国船"罗发号"（Rover，又译罗妹号、罗佛号）由广东汕头驶向山东牛庄，途经台湾海峡，遭遇大风漂到台湾南部海面，于七星岩（在今屏东县）触礁。船长亨德（Hunt）及其妻子、水手共 14 人，驾舢板逃生，在琅峤龟仔角鼻山（在今屏东县恒春一带）登岸，闯入当地土著民族科亚人部落，除一名水手幸存外，全部被杀。幸存水手逃到打狗告官，英领事于是派驻安平的"柯尔摩号"（Cormorant）前往营救，但被科亚人击退。当时美国驻厦门领事李仙得（Le Gendre）兼理淡水、鸡笼、安平、打狗领事事务，为处理"罗发号"事件，从厦门来到台湾，要求会见科亚部落酋长，商谈航行安全问题。在没有清朝驻台官员陪同的情况下，李仙得曾自行前往科亚人居住地，但为科亚人所拒，只得回到厦门。其后，美国海军部命海军少将贝尔（H. H. Bell）率两艘军舰前往征讨。当年 6 月，贝尔率 181 名陆战队员在龟仔角登陆，攻击科亚人，但为科亚人所败。清政府担心事件扩大，在美国的外交压力下，台湾镇总兵刘明灯率兵勇 500 人前往琅峤，协助李仙得与科亚人谈判。李仙得认为战未必胜，于是在通事陪同下，直接与科亚首领卓杞笃谈判，就善待西方国家难民、外国船员不得进入村庄等达成协议。刘明灯随后撤兵，事件获得解决。但此事件的余绪，是此后李仙得多次进入台湾土著民族居住区，与各部落头目联系并实地调查，成为"台湾通"，并在几年后成为日本侵台的帮凶。

大南澳侵垦事件发生于1868年。大南澳位于苏澳之南，1868年4月，德国商人美利士（James Milisch）与英人荷恩（Horn）勾结，美利士以德国领事的名义给荷恩开垦执照，并提供资金，命其前往大南澳开山伐木，垦荒经营。荷恩带领6人前往大南澳土著部落地界查勘，噶玛兰通判丁承禧再三劝阻，荷恩都置之不理。荷恩以盐、布、羽毛等物结交土著居民，并与土著部落头目之女结婚。随后，荷恩率领土著居民由苏澳经海道至大南澳，建堡树栅，准备招募工匠，着手开垦。此事经丁承禧报请总理衙门照会英、德公使，要将荷恩等撤回严办。但由于英、德公使有意拖延，并未落实。第二年，事态更为扩大，荷恩积极开垦，预备种茶。美利士则亲自到大南澳视察，在苏澳港口建造房屋，作为往来寓居之地，并时常用船从淡水、基隆贩运食物、火药等售予当地土著居民。总理衙门闻知消息后，再次向英、德抗议，声言必要时将自行予以逮捕，英国公使才同意将荷恩撤回，但德国公使仍然力图袒护，一味推诿拖延。美利士于是更为嚣张，荷恩在美利士支持下，也是垦殖如故，两人在大南澳除伐木、侵垦及贩运军火外，还添雇壮丁，向入山汉人抽取保护费，俨然以殖民地统治者自居。其后，经总理衙门再度交涉，英、德两国公使才令荷恩与美利士离去。1869年11月3日，荷恩在赴苏澳途中溺毙，此事才算平息。

樟脑是台湾开港通商后的重要出口商品，由清政府设局官办。1866年，英人要求樟脑自由买卖，被台湾道梁元桂拒绝，并强调樟脑属官营，如未经官府特许，无论何人都不得私自购运。1868年，英国怡记洋行代理人必麒麟（W. A. Pickering）在梧栖港私自开设洋栈，购储樟脑，准备私运出口，被鹿港同知洪熙恬带领兵勇截留。必麒麟亲自到梧栖调查，凭仗武力，并以《天津条约》为护符，与洪熙恬相持不下。后来，必麒麟获知厦门的英国炮舰无法前来支援，而洪熙恬可能采取强硬手段，才由梧栖前往淡水，再转赴厦门向英国领事报告事件经过。这就是所谓的樟脑纠纷。在樟脑纠纷发生期间，台湾另外还有几起与英国之间的纠纷：一是凤山长老教会的教堂被烧，教民被杀；二是打狗英商夏礼（Hardie）与哨丁发生口角，并在互殴中受伤；三是艋舺英商因为租设行栈，被台湾民众殴伤事件。针对上述纠纷，闽浙总督派人来台湾和英国方面谈判。英方提出惩罚暴民、赔偿损失、履行条约、撤换失职官员等诸多条件，结果谈判破裂。英国于是派兵舰到安平示威，并发动炮击，杀伤兵勇。后经台南绅商黄应清出面斡旋，中英签订协议，清廷除赔款、惩罚凶手外，还答应撤换官员、开放樟脑自由贸易，事件才告结束。

 牡丹社事件和日本侵台

在上述"外交"事件频发后不久，觊觎台湾已久的近邻日本也借口牡丹社事件，出兵侵台，使台湾的外患进一步加重。

日本很早就对台湾表现出野心。日本人早期称台湾为大惠、小东。在日本战国时代结束后，曾有大量武士因失业而投入海盗集团，成为侵扰我国沿海的倭寇，台湾成为这些倭寇从事走私贸易的集结地。16世纪末，丰臣秀吉统一日本，一方面创设、颁发"御朱印状"，鼓励日本商船继续来台进行走私贸易；另一方面，计划侵略台湾。其时日本人称台湾为搭加沙古，或高砂、高山国。丰臣秀吉曾派人携招降文书，劝台湾的"高山国王"臣服日本，遭到拒绝后，又打算武力进攻鸡笼、澎湖，但因明朝政府已在澎湖设防，所以没能得逞。德川家康上台后，继续丰臣秀吉的侵台政策，于1609年密令当时势力最为雄厚的巨商有马晴信领兵侵入台湾。1615年，德川幕府又令另一富商村山等安武力征讨台湾，次年5月，村山等安派他的次子率领船队远征台湾，但因途中遭遇暴风雨，仅一艘船到达台湾，并遇到当地土著居民的顽强抵抗，侵台企图再次受挫。此后，德川幕府的侵台野心稍有收敛。1636年，德川幕府实行海禁，日本商船逐渐退出在台湾的活动。200多年后，日本被迫开国订约，并于1868年开始实行明治维新，其国力渐强。由于国土面积和资源有限，日本很快试图步帝国主义的后尘，加入侵略者的行列，对地大物博、国势不振的邻国中国表现出强烈的野心，而琉球、台湾处于其南进的要冲，首先成为日本入侵的对象。1871年牡丹社事件发生后，日本即借题发挥，试图吞并琉球，入侵台湾。

1871 年（同治十年）11 月，有一艘琉球船只遇风漂至台湾东南部的八瑶湾（今屏东县满洲乡），船上 69 人除 3 人被海浪冲走外，其余 66 人误入牡丹社境（今屏东县牡丹乡），结果有 54 人被高士佛社社民杀害，另有 12 人经汉人杨友旺等救护，得以逃生，后经凤山县护送到府城，再转送福建福州。福建当局优予抚恤，于次年将其送回琉球，同时"饬台湾镇道认真查办，以儆强暴，而示怀柔"，清廷也做出同样指示。牡丹社事件发生后，清政府并非不闻不问，琉球又是中国属邦，原本与他国无关，但日本别有用心，于是借机生事。

1872 年 9 月，日本鹿儿岛县参事大山网良首先请求出兵，问罪台湾，外务卿副岛种臣和参议西乡隆盛、板垣退助等大加赞同。同年 9 月，日本册封琉球王尚泰为藩主，以确定日本和琉球的宗藩关系，同时，照会各国公使，申明琉球已归属日本，以便为日后进犯台湾做好铺垫。为准备侵台，日本积极向美国人请教，并聘请李仙得为外务省二等出仕。李仙得向日本出谋划策，强调台湾"番地"非中国政令所及，日本如果征讨，此后各国航行得到保障，列强必将支持。1873 年，日本派特使副岛种臣和柳原前光到中国商谈换约，兼恭贺同治帝结婚，借此机会，日本向清政府试探对牡丹社事件的处理态度。当时总理衙门大臣毛昶熙等答复，琉球、台湾都属于中国，此事不烦日本过问；但又说"生番"属化外之民，清廷政令所不及，所以无法追究。副岛等人即将全部谈话归结为"生番之地为贵国政教不及之区"，回国后极力主张尽早采取行动。

1874年2月，日本政府通过《台湾番地处分要略》，其第五条提到："土番之地……可视为无主之地"，以此作为侵台的依据，积极准备发动侵略战争。4月，日本政府任命陆军中将西乡从道为台湾番地事务都督，以3600余名日军组成所谓"台湾生番探险队"，即征台军，于5月向台湾进发，在台湾南部琅峤登陆后，向牡丹社、高士佛社等当地土著居民发起攻击，屠杀牡丹社民30余人，并将该社房舍全部焚毁。当地土著居民顽强抵抗，侵台日军不得不退守龟山（今屏东县东城乡），西乡从道在此修桥筑路，建造都督府和兵营，准备长久驻扎。

1874年5月，清政府闻知日本侵台消息，总理衙门照会日本政府，诘问日本为何未经商议及知会，即出兵攻打台湾，并声明台湾是中国领土，"生番"居住地在中国版图之内。随后，清政府派沈葆桢带领轮船士兵，前往台湾"生番"一带查看，相机筹办相关事宜。不久，清政府获悉日军已经登陆，并与土著居民交战，于是改授沈葆桢为钦差，全权办理台湾海防和对日交涉事宜。沈葆桢到台后，一方面向日军交涉撤军，另一方面着手加强防务，整治军备，举办团练，开辟前往后山道路，并派人到东部招抚土著居民，同时又调拨配备洋枪的1万余名淮军来台。沈葆桢的相关措施，对侵台日军形成相当大的威慑。此时日军因水土不服，疫病流行，士气低落，也已陷入进退维谷的境地。最终，在英、美等国斡旋下，日本放弃武力侵台，同清政府进行和谈。10月31日，中日双方签订《北京专条》，日军自台湾撤退，清政府则赔偿日本抚恤难民费10万两，又以白银40万两，"留用"日军在台修建的道路、房屋，清政府并承诺约束台湾东部"生番"，以保护航客不受伤害。《北京专条》表明整个台湾岛的主权都为中国所有，但也因承认日本此次侵台是"保民义举"，而为日本吞并琉球提供了口实。1879年，日本正式吞并琉球，并将其更名为冲绳。

4　法军的入侵

　　19世纪80年代，台湾再次遭遇强敌的入侵，此次由西方列强之一的法国发动的武力入侵，真正考验着台湾的防卫能力。

　　1883年12月，为侵占越南北部，并打开中国西南门户，法国向越南山西的中国军队发起攻击，中法战争爆发。由于清廷内部和战不定，战争初期中国失利。1884年5月11日，主和的李鸿章和法国代表福禄诺在天津签订了《中法会议简明条约》（又称《李福协定》），双方暂时停战。然而同年6月发生北黎冲突（又称观音桥事变），法国以此为借口扩大战争，照会清政府要求通饬驻越军队火速撤退，并赔偿军费2.5亿法郎（合白银3800万两）。清廷不允，法国于是重新诉诸武力，中法战争除继续在越南北部陆上进行外，主要战场转到中国东南沿海。由于基隆附近有机器开采的煤矿，可以提供煤炭补给，基隆即成为法军攻击的重要目标。此时台湾防务虽然已经过近 10 年的整顿，但因为经费限制和人事变动，仍然相当薄弱，且以往的设防偏重南路，北路仅基隆筑有炮台。台湾道刘璈以台湾府城为重，全台防军 40 营，有 31 营驻防南路。

1884 年 6 月，清政府任命淮军名将、前直隶提督刘铭传以巡抚衔督办台湾军务。7 月中旬，刘铭传匆促抵台，将大本营设在台北府城，着手加强北部基隆、淡水防务。由于兵员不足，军饷补给匮乏，兼之缺乏足够的兵舰轮船、器械弹药、炮台可资防御，又有疫病困扰等问题，当时刘铭传面临严重的困难。在此情形下，刘铭传采取以下措施：一，善用地方力量，号召台人输力输财，通力合作，卫国保家。官绅中"有可用者，无不广致礼罗"，台人绅商相继捐资募勇，彰化林朝栋自备粮饷，自成一军，台北林维源捐银 20 万两，其他绅商也多有贡献。二，以公正、诚恳的态度对待部属，不徇派系之私。驻守基隆、淡水的主力部队是湘军孙开华、曹志忠部，湘、淮军向有不和，而孙开华所属的霆军和刘铭传的铭军，更多有嫌隙。但刘铭传对部属将领感之以诚，动之以情，论及战功，必首推孙、曹，然后才是铭军将领。因此战争期间，属下将领均能奋勇杀敌。三，与将士们同甘共苦，同生活、同饮食，亲临战场第一线。由此，北部防军士气大为提高，军民齐心，奋勇抗敌。

刘铭传布防台北不久，法军即开始攻台。法国将它在中国和越南的舰队合成远东舰队，以孤拔为统帅，分别开往福州和基隆。8月，法海军少将利士比率舰至基隆，限令清军交出炮台。在法军炮击之下，基隆炮台全毁，法军400余人强行登陆，刘铭传亲率曹志忠、章高元等千余人顽强抵抗，使法军不得不退回海上。基隆之役后，法国议会授权政府"使用各种必要方法"使中国屈服，法国政府拟定新条件向中国勒索，要求赔款8000万法郎，于10年内付清。清政府仍然没有接受。23日，法国以先期驶入福州马江的优势兵舰向中国船舰猛烈攻击，福建水师仓卒应战，顷刻间，11艘战舰或沉或伤，官兵殉难者近800人。法舰又炮轰马尾船厂，将其击毁，并连日对马尾至海口间的岸防设施大肆破坏。随后法军撤出马尾，全力侵台。

10月初，法舰分头进犯台湾基隆和沪尾（即淡水）。先是法军10艘军舰百余门大炮向基隆守军炮台及阵地猛烈轰击，台湾军民奋力还击，但在法军强势火力下，基隆港湾及周围阵地失守，基隆市区危急。此时，沪尾不断告急，要求增援，刘铭传鉴于兵力不足，且认为要保住台北，沪尾重于基隆，于是决定放弃基隆，坚守沪尾。法军占领基隆后，再犯沪尾，利士比以军舰7艘猛轰沪尾炮台和防御工事，一度抵滩上陆，清军奋起反击，双方短兵相接，法军受到重创，不得不退回海上。经此役后，法军意识到进攻不易，转而从10月23日起对台湾实行海上封锁，将全岛所有港口及距岸5海里以内的区域（东海岸除外）都划作封锁区。海上封锁对台湾的抗法斗争造成很大困难，台湾互市停息，百物腾贵，文报不通，接济阻断。清廷和各地政府征用商船或雇用外国船只，利用夜航、暗渡等方式冲过封锁，向台湾运送物资，但台湾的情势依然极为紧张。1884年12月起，基隆法军不时攻击暖暖等地，曹志忠、林朝栋等部积极应战，互有伤亡。1885年3月，法军增兵大批到达，基隆法军大举南犯，全军3000人，与台湾守军激战数日，月眉山、深澳坑、暖暖等地失守，清军退守基隆河以南，以北被法军盘踞。另有一路法军在孤拔率领下，于3月底占领澎湖岛及渔翁岛。台湾的形势更加危急。

正当此时，中国军队在越南陆上战场取得重大突破。1885年3月23日，在老将冯子材的率领下，清军取得镇南关大捷，中国在中法战争中转败为胜。与此同时，中法在巴黎的秘密和谈也取得重大进展。清政府决定"乘胜即收"，1885年5月13日，任命李鸿章为谈判代表，与法国政府代表、驻华公使巴德诺在天津开始谈判中法正式条约。6月9日，双方签订《中法会订越南条约》，即《越南条款》或《中法新约》，又称《李巴条约》，清政府承认法国对越南的保护权，法军则承诺从基隆、澎湖撤退。中法和约的签订，使中法战争以"法国不胜而胜，吾国不败而败"的结局画下句号，清政府因此常被人诟病。但清政府当时做出这样的决策，不无对台湾情势的考虑，清政府曾指出："越地终非我有，而全台隶我版图，援断饷绝，一失难复，彼时和战两难，更将何以为计？"中法和约签订后，6月21日，法军从基隆撤走，7月22日，法军撤出澎湖，台湾危机至此解除。

三 清政府治台策略调整和
早期现代化建设

　　鸦片战争以来台湾遭遇的频繁外患，使清政府意识到台湾国防地位的重要性，逐渐调整治台策略，采取更为积极的治台方针，将台湾改设为省。以刘铭传为代表的洋务派官员则在台湾实行自强新政，使台湾开始走上现代化的道路。

 清政府治台策略调整和台湾建省

　　在日军侵台事件之后，清政府即深切体认到台湾外患的严重，特别是东部土著部落居住的山地因为欠开发，更为外人侵入留下漏洞。此后，清政府对治台策略进行了调整，从前期的侧重"防内"，转而以御外为主，采取更为积极的治台方针。为日军侵台一事来台的沈葆桢，随后提出并实行了一系列措施，加强清政府对台湾的治理。根据沈葆桢的建议，清政府令福建巡抚每年驻台湾半年，以改变台湾吏治不良、军纪不佳的局面。同时调整行政区划，增设台北府，下设淡水县、宜兰县、新竹县和基隆厅；原台湾府除原辖有的台湾县、凤山县、嘉义县、彰化县及澎湖厅外，又增设了恒春县、卑南厅（今台东、花莲地区）、埔里社区（今埔里）。不仅提高行政效率，对经常与外国发生纠纷的东部和屏东地区，也予以更多的重视。海防方面，沈葆桢在安平及旗后、东港等地兴建炮台，又购买轮船航行于台闽之间，从而改善台湾的交通，加强台湾与大陆之间的联系。

鉴于日本侵台曾以台湾东部"番地"不是中国政令所及之地为借口，沈葆桢在台湾积极推行"开山抚番"。所谓"开山"，即打通前山和后山的联络，使东西部之间实现道路交通。沈葆桢先后在台湾开辟了北、中、南三条通往东部山地的道路：北路自宜兰的苏澳，沿海岸到花莲，计205里，是今天苏花公路的前身；中路从彰化的林圯埔（今南投竹山）越山至璞石阁（今花莲玉里），计265里，即后来的"八通关古道"；南路一由凤山的赤山（今屏东万峦乡境内）越山至卑南（今台东市附近），计175里，一由射寮沿海岸东行至卑南，计214里。东西部间道路的打通，有利于汉人进入山地垦殖，从而促进了台湾的全面开发。至于"抚番"，则在于有计划地使土著居民——"番民"汉化。为此，沈葆桢拟订如下计划：选土目、查"番户"、定"番业"、通语言、禁仇杀、教耕稼、修道路、给茶盐、易冠服、设"番学"、变风俗等。在开山深入山地时，沈葆桢即随时随地招抚当地"番社"，使其承诺接受教化，并不再杀害汉人，对不服招抚或武力抵抗者，则以武力讨伐，迫其停止抵抗。为了使"抚番"政策得到落实，沈葆桢认为应当解除过去实行的大陆人民渡台禁令，以及禁止汉人进入山地，和禁止汉人娶土著民族女子为妻等禁令。1875年初，沈葆桢上奏清廷，提出三项改革措施：一，废除内地人民渡台禁令；二，废除严禁台民私入"番界"的禁令；三，废除严格限制"铸户"、严禁私开私贩铁斤及严禁竹竿出口的旧例。上述改革措施，主要目的在于促成大陆人民向岛内自由迁徙，以及岛内人民在平地与"番地"间的自由流动，打破岛内西部平原所谓"山前"和东部"山后"间的壁垒，加强汉族居民和土著居民的往来交流，从而推动台湾土地的开发，特别是山地的拓垦。沈氏的开山抚番政策，随后几任清廷驻台官员继续实行，对巩固海防、促进东部开发，起到积极的作用。但在抚番过程中，部分土著居民拒不受抚，清廷武力讨伐，也造成不少流血事件。

法军入侵，又一次警醒清政府加强台防的紧迫性。面对法军的海上攻击，台湾军民虽然顽强抵抗，但却无能为力，只能在陆上阻绝敌人进攻的步伐，也提醒清政府加强海上防卫和进攻力量的必要。中法战争结束后，台湾建省和设立海军即提上清政府的议事日程。

关于台湾建省，日本侵台后，丁日昌即有此议，但清廷当时采取的是沈葆桢的意见，令福建巡抚"冬春驻台，夏秋驻省"，两地兼顾。1876年春，继任福建巡抚丁日昌无暇按期渡台，就以省台远隔重洋，难以兼顾为由，奏请清廷简派重臣驻台。为解决省台难以

40

兼顾的问题，刑部左侍郎袁保恒建议，改福建巡抚为台湾巡抚，福建全省事宜则交由总督兼办，效仿直隶、四川、甘肃各省先例。袁保恒曾在西北任职甚久，并曾为左宗棠的湘军办理后勤事务，其主张有打击淮系丁日昌之嫌。因为当时台湾财政需要福建省接济，如果独立为行省，台湾势必陷入财政困难，巡抚将坐守困境，一筹莫展。丁日昌因此提出辞职，李鸿章也上折表示反对，台湾分省方案被否定。

中法战争结束后，清廷内部进行了一次加强海防的讨论，创建海军、加强台防成为两大主题。贵州按察使李元度提出应简任巡抚、镇道，使台湾成为东南重镇，闽浙总督杨昌濬也奏请特派重臣，驻台督办。1885 年 7 月，钦差大臣、督办福建军务左宗棠上折，在分析了过去 10 年间采取的各种方案的利弊得失后，建议清政府采纳袁保恒的分省方案，将福建巡抚改为台湾巡抚，台澎地区所有事务，都交给台湾巡抚办理；至于台湾财政问题，"拟请于奏准分省之后，敕下部臣划定协饷数目，限期解济，由台湾抚臣督理支用，自行造报，不必与内地相商，致多牵掣"。同年 8 月，慈禧将左宗棠所上奏折交各权臣传阅、讨论；10 月 12 日，奕譞、世铎、奕劻、李鸿章等 16 人联衔上折，同意改福建巡抚为台湾巡抚。同日，清政府以慈禧的名义发布了准将福建巡抚改为台湾巡抚的懿旨，台湾建省一事基本确定。

清政府的建省上谕，却遭到当时正专办台湾事务的刘铭传的反对。刘铭传一方面对左宗棠的建省意见仍有戒心，担心是政治陷阱；另一方面担心与福建分治后，失去福建支援的台湾，财政难以自立。因此以闽台分治后台湾将发生财政困难，和"抚番"工作尚未完成为由，上奏朝廷请暂缓建省，并希望能仿照江宁江苏的规制，添设藩司一员，巡抚以台湾为行台，全台军事、行政由巡抚主持，福建则由总督兼管，以达到"分而不分，不合而合"的理想；建省则延至5年后，待财政与"抚番"问题解决，再从容办理。刘铭传暂缓建省的意见，被清廷驳回，但同时清廷也允许添设藩司，并表示台湾建省后仍须仿照甘肃、新疆例，与福建联为一气。清政府命令刘铭传和闽浙总督杨昌濬讨论具体办法，然后再上报朝廷。1886年3月，闽督、湘军领袖杨昌濬亲自到台湾和刘铭传协商，允诺台湾建省后5年内，福建仍将在财政上给予大力支持。5月，刘铭传到福州，与杨昌濬商定分省事宜。7月，刘、杨联衔将商定的16条建省方案奏请清廷。次年，经清廷批准，台湾建省方案确定。台湾援新疆例，巡抚称"福建台湾巡抚"，闽浙总督关防添铸"兼管福建巡抚"字样。建省经费按杨、刘议定方案，由闽海关每年照旧协银20万两，闽省各库协银24万两，粤海、浙海、江海、九江、江汉等5关每年共协济银36万两，合计每年80万两，以5年为期。但粤海5关的36万两，因户部经费无着，仅1886年一次性调拨36万两，其他建省经费主要靠福建每年协银44万两，到1891年春按期分拨完成，共计220万两。分省后，之前归福州将军管理的旗后、沪尾两海关（即打狗、淡水两关）改归台湾巡抚监督，从 1887 年 10 月 1 日起实行。建省后台湾添设布政司，1887 年 9 月 17 日，首任布政使邵友濂到任。原来由台湾道监理的学政，建省后归巡抚监理。1888 年 3 月，福建台湾巡抚关防正式启用，台湾改设行省，闽台从此分治，台湾成为中国第 20 个行省。

刘铭传与台湾的自强新政

刘铭传是清末洋务派官僚之一，他出任台湾首任巡抚后，在台湾推行了一系列自强新政措施，对台湾的防务和早期现代化建设做出重要贡献。

（1）洋务运动在台湾的初步展开

19 世纪 60 年代，受第一、二次鸦片战争的刺激，和出于镇压太平天国运动的需要，在清廷内部，逐渐兴起一批主张"师夷长技以制夷"的洋务派。以总理衙门大臣奕䜣、两江总督曾国藩、闽浙总督左宗棠、直隶总督李鸿章等为代表，他们提出为抵御外侮和维护清政府的统治，应当抛弃陈腐的"祖宗之法"，转而引进西洋先进技术，以"中学为体，西学为用"。这批洋务派的代表人物都是握有大权的军政重臣，且以慈禧为首的顽固派也已意识到要维护自身统治不得不借助西方的火枪大炮，因而默许了洋务派的提议，于是一场影响近代中国命运的洋务运动开始了，中国的早期现代化建设自此迈开步伐。洋务运动一开始的目标是巩固国防，创办"自强新政"以"求强"，具体表现为开办近代军事工业、创建新式军队、购买国外新式武器。但军事工业的兴办，需要巨额的资金投入，洋务派领导人李鸿章等人意识到"求富"是"求强"的先决条件，于是从 19 世纪 70 年代起，洋务运动转向以"求富"为中心，以官办、官督商办、官商合办等形式，兴办民用工业。1872 年上海轮船招商局的开办即为代表，在此后的十余年间，煤矿、铁厂、缫丝厂、电厂、自来水厂、织布厂、电报、铁路相继建设。这些民用工业的创办，为中国近代民族工业的发展打下了基础。

正当全国洋务运动展开之时，台湾外患频仍，使清政府意识到调整治台政策、积极治理台湾的重要，从 1874 年沈葆桢渡台处理日本侵台事件开始，台湾也展开了洋务运动。为加强台防，沈葆桢用西法在安平、旗后等处建设新式炮台，购买洋炮和军火机械，并奏准使用机器开采基隆煤矿，基隆煤矿于 1875 年动工建设。同时，实行"开山抚番"，促进东部山地的开发。沈葆桢升任两江总督兼南洋大臣后，新任福建巡抚丁日昌继续进行"开山抚番"，兴办"洋务"。丁日昌于 1875 年（光绪元年）任福建巡抚，次年入台，至 1877年 4 月回福建。在台期间，丁日昌主张加强海防，全面开发台湾，要求购买铁甲船，练水雷军、枪炮队，建造新式炮台，兴建铁路，架设电线，购买机器，兴办公司，开矿、招垦，等等。在其任内，"抚番"方面，台湾府特别录取淡水厅所属的土著居民陈宝华为秀才，开台湾少数民族通过考试取得功名的先例。丁日昌还派人教导土著居民耕作技术，严禁汉人侵占土著居民的土地。农垦方面，派人到汕头、厦门、香港等地设招垦局，招募大陆移民到台湾东部，分给他们土地，并借给农具、种子、耕牛，让他们去开垦。这一举措既促进了台湾东部的开发，也缓和了福建、广东的人口压力。交通建设方面，丁日昌曾建议将拆毁的吴淞铁路铁轨运到台湾，用于兴建从旗后、凤山到台南的铁路，得到清政府批准，后铁轨全部运台，但因经费不足，没能开工。丁日昌还将福州、厦门间的电线移到台湾，于1877年10月建成安平到府城、府城到旗后的两条电报线，共95里，并设台南、安平、旗后3所电报局，从11月开始对外营业，这是全国最早自办的电报业。工矿业方面，丁日昌派官员雇矿工开采基隆煤矿，1877年9月，基隆煤矿开始出煤，日产煤30～40吨，有工人2000名，这是全国最早投产的新式大煤矿。

（2）刘铭传出任台湾巡抚和台湾行政机构调整

刘铭传，安徽合肥人，农家出身，清政府镇压太平天国运动期间，办团练起家，并以所率部队加入李鸿章的淮军。法军侵台时，奉命渡台主持抗法斗争。中法战争结束后，刘铭传继续在台主持台政，办理台湾善后事宜，经过对台湾的调查了解，深感台事大有可为，希望能将台湾建设成全国的典范。1885年10月，清廷下诏台湾改设为省，刘铭传被任命为台湾首任巡抚后，更积极在台湾推行以加强海防、富国强兵为主要目标的自强新政，将台湾引上早期现代化之路。

刘铭传任台湾巡抚后，首先对台湾的行政区划进行了全盘调整，以提高行政效率。和沈葆桢、丁日昌一样，刘铭传也认为"开山抚番"是台湾的急务，行政组织的调整，应当和"开山抚番"配合进行。由于台事最紧要者是防务，所以行政区划不宜太宽太广，"太广则耳目难周，太宽则声气多阻"。台湾此前设置的彰化、嘉义等县厅，多纵横二三百里，都过于宽、广；后山中、北两路，绵延三四百里，没有专门驻扎的官员，更加难以控制。因此，刘铭传在规划调整行政区划时，特别顾及台湾东部与西部的均衡发展，以及台湾北部、中部和南部的平衡。在台湾经济中心已经北移的情况下，刘铭传首先将行政中心由南部向北移。他赞同前福建巡抚岑毓英的意见，将首府台湾府设在中部彰化县东北境的桥孜图（今台中市），其附郭为台湾县，原台湾府县分别改为台南府、安平县。又将嘉义的东部、彰化的南部地方划分出去，添设云林县；新竹西南地方划分出去，添设苗栗县；并将淡水东北划归基隆厅；在后山地区添设台东直隶州，州治水尾（今花莲县瑞穗乡），另在卑南设直隶州同知，花莲港添设直隶州判。如此，全省行政区划合为3府1直隶州，3府又下辖11县3厅，分别为：台湾府辖彰化、台湾、云林、苗栗4县和埔里社厅（中部）；台南府辖安平、嘉义、凤山、恒春4县及澎湖厅（南部）；台北府辖淡水、新竹、宜兰3县和基隆厅（北部）。台湾此次行政区划的调整，使整个府县架构基本确立，此后台湾行政区划调整，均以此架构为基础。

（3）刘铭传的自强新政措施

除调整行政机构外，刘铭传在台湾推行的自强新政，其内容更涉及防务、交通、工商业、财税、抚垦以及教育等事业。

加强防务方面，刘铭传、杨昌濬本想在台湾建立海军，但未获清廷批准，刘铭传即以加强海口防务和发展军事工业为重点。1885年，刘铭传在台北大稻埕兴建机器厂，自制枪弹，同时设立军械所和火药局。1886年，刘铭传模仿西方，在澎湖、基隆、淡水、安平、旗后5个港口兴修10座新式炮台，配以钢炮、水雷等，又在基隆、淡水设水雷局和水雷营，使水雷和炮台相互为用，提高各海口的防务能力。为了提高军队素质，他还对全台防军进行了整编，将40营兵缩编为35营，聘用洋教习进行练兵。又在台北设总营务处，统辖全台军务。

交通建设方面，刘铭传治台期间，最大的成就是水陆电报线的铺设、邮政事业的举办和铁路的兴建。1886年，刘铭传在台北设电报总局，从福州到淡水至台北，从基隆到台南、台南至澎湖，架设起总长1400里的水陆电报线，并在澎湖、彰化、台北、淡水、基隆等地设电报局，使台湾与大陆间能够快速地传递信息。1888年，刘铭传在台北设立邮政总局，在全岛设分站，发行邮票，并购买南通、飞捷两艘轮船，定期往来于台湾和大陆之间，邮路到达厦门、福州、广州、上海、香港等地，是我国最早自办的邮政业务，比清政府成立的邮政官局要早8年。在交通建设方面更值得一提的是铁路的兴建。刘铭传早就主张发展铁路，1880 年即曾向清政府上折请修铁路，但以"直欲破坏列祖列宗之成法，以乱天下"的罪名，被清廷拒绝。出任台湾巡抚后，他再次奏请在台湾修建铁路，指出修铁路不仅对加强海防有重大意义，而且"非造铁路不足以繁兴商务，鼓舞新机"，终于获得清廷的允准。为兴办铁路，刘铭传首先在台北成立了"全台铁路商务总局"，又委派杨宗瀚为铁路商务总办，记名提督刘朝干督率官勇参与铁路的铺设，台湾富绅林朝栋负责铁路所需枕木的备办，聘德籍工程师毕克尔为监督并担任设计工作，聘英籍专家马礼逊为稽查路线主任，负责路线的测量工作等，可谓集合了中外、官民力量来兴办铁路事业。针对铁路建设中的资金短缺问题，刘铭传想出了向华侨募集资金的办法，于 1886 年在新加坡设立招商局（后改名为通商局），派李彤恩、张鸿禄等前往招募侨资。台湾铁路于 1887 年开始兴建，分南北两路进行：北路由基隆至台北，1887 年动工，穿山渡水，工程十分艰巨，至 1891 年竣工，计 28.6 公里；南路原计划由台北至台南，1888 年开始勘测，1893 年当铁路修至新竹时，因资金及技术等原因停工，未能直下台南，台北至新竹段铁路长 78.1 公里。合计自基隆到新竹全长约 99 公里，共耗费白银近 129.6 万两。这是我国最早一批自建的铁路，也是自行集资、自行兴建、自行控制全部权益的第一条铁路，对于促进中国近代铁路建设和台湾近代工商业的发展，都起到了积极的作用。

对于台湾的少数民族，刘铭传继续进行"开山抚番"工作，并在总结前人"理番"经验基础上，采取了"以抚为主，以德服番"的方针。1880 年 5 月，刘铭传在全台设抚垦总局，以林维源为总办，于各地设抚垦局和抚垦分局，积极展开抚垦工作。他命令各级官员对于"番民"要"教之耕耘，使饶衣食"，努力发展"番地"生产。为移风易俗、推行汉化，刘铭传还在土著民族居住区设置"番学堂"，亲自制订章程、编写歌谣，招收"番童"入学，提高土著居民的知识水平。刘铭传的抚垦工作，成效颇著，到 1889 年 3月，刘铭传奏称："全台生番，一律归化。""抚番"工作有利于台湾的现代化，但在此过程中，也因对不肯受招抚的少数民族进行暴力镇压，而不免有流血事件发生。

发展近代工商业是洋务运动"求富"的重要内容。刘铭传来台后，积极进行经济建设，着力发展工商业。我国最早采用机器采煤的基隆煤矿，因在中法战争中被破坏而停产，刘铭传将其交由官商合办。1887 年，成立煤务局，安装新购采煤机器，每日可产煤百吨。为解决基隆煤矿的经营不善以及资金短缺等问题，刘铭传曾试图引进外资，也曾计划将其交给民间资本经营，但因清政府反对煤矿由商人主办，最终都不得不放弃。基隆煤矿仍由官办，经营不善等问题得不到解决，到后来陷于半停顿状态。1886 年，刘铭传在沪尾设立官办硫磺厂，以开采附近的硫矿。次年，又设立官办机器锯木厂和煤油局，分别生产铁路枕木和煤油。

为发展商业，促进贸易，1886 年，商务局成立，先后向英、德购买威利、威定 2 艘旧轮作为商船。李彤恩等在新加坡主持的招商局，曾为修建铁路向华侨募集资金，根据当地华侨的建议，该局利用华侨招募商股 30 余万两，向英商购买斯美、驾时 2 艘轮船，成立轮船公司，航行于台湾和大陆各埠，并远航至新加坡、西贡、吕宋等地。1887 年，刘铭传设立官脑总局，实行樟脑专卖，但因外商反对，1891 年被迫撤销专卖。同年，设立硫磺总局，将各地所采硫磺集中于沪尾硫磺厂，加工后转售大陆各地，自 1888 年 2 月至 1890 年 1 月，年获纯利 3000～4000 两。除上述官营工商业外，台湾的民营工业在 1880 年代后期也开始出现。1888 年，基隆商人开办华昌煤厂，用外洋机器制造煤砖；1891 年，有商人引进外国造糖铁磨，供糖户试用；1893 年，苗栗商人引进日本脑社生产樟脑，等等。工商业的繁荣促进了台湾街市的繁荣，台北、基隆等主要城市迅速发展。台北更因巡抚长驻、经贸发达，成为实际上的政治、经济中心，刘铭传招揽商人出资兴建街道、装设电灯、引进自来水、建立大稻埕铁桥等，一系列的市政建设使台北逐步朝向现代化的大都市发展。

治台期间，刘铭传还进行了一项非常重要的工作，那就是为增加财税收入而进行的"清赋"。台湾是移垦社会，在汉人移民开发台湾的过程中，形成了独特而又复杂的土地制度。在汉人移民开发之前，台湾的土地——除少数民族所拥有的番地外——在土地所有形态上原为"官有地"，汉人移民要开垦土地，需要向官府取得开垦执照。一般能取得"垦照"的都是些有能力的汉人，称为"垦首"，他们在获得官方许可后，再招募众人开垦，开凿水圳，慢慢将旱地变成水田。由于向官府申请的土地面积一般都很大，垦首多将土地划分成数块，租给佃人开垦，垦佃须向垦首缴纳一定的地租，称为大租，垦首也被称为"大租户"。垦佃由于从事实际开垦，在垦成后较之一般佃户，对土地拥有更多的支配权。有些垦佃因承佃的土地面积较大，会将部分土地再租给其他佃农耕种，自佃农收取的地租即被称为"小租"，垦佃即被称为"小租户"。清代台湾因此形成一田二主，甚或一田多主的独特的土地制度。在刘铭传实行清赋改革之前，虽然官方仍习惯将垦首作为"业户"，并以其为征税对象，但在实际的发展过程中，大租户对土地的支配权越来越萎缩，仅能向小租户收取原先约定的租额；其他与土地有关的经营、处分等权，往往由小租户所有，小租户事实上成为"田主"。由于土地制度复杂，政府对田赋掌握不清，地主隐瞒不报以逃避赋税的情况大量存在。为增加财政收入，1886 年 5 月，刘铭传奏请实行清赋，设清赋总局，会查保甲，清丈田地，历时两年，完成清丈工作，共清查出"隐田"400 多万亩，每年增加税收 49 万两。同时，针对原来一田多主的情形，采用"减四留六"办法，即将原来的大租分成 10 份，大租户仍得 6 份，剩下 4 份交小租户，小租户可以向佃农收取大、小租。然后改以小租户为业主，"领单承粮"，即由小租户领取"丈单"（土地所有权状），并负责向政府缴纳税赋，所有钱粮都由小租户经手。清赋改革使台湾的土地制度转趋单纯，田赋负担也较为公平。但清赋工作前后只花了 2 年多时间，清丈田地有不够准确之处。加上在此过程中，刘铭传既因取消大租权而得罪了清政府一向倚重的台湾地方豪强，又因增税而不能得到小租户的好感。这种两面不讨好的困境，最终使刘铭传对台湾土地制度的改革不能彻底进行，并曾引起类似彰化地主施九缎率众包围县城抗税的"施九缎事件"，影响了刘铭传在台湾的政绩。

为了培养台湾现代化建设所需的人才，刘铭传还大力发展近代教育。1887 年 3 月，在台北大稻埕创立西学堂，首期招生 20 余人，先后聘请洋教习 2 人、汉教习 4 人，除教授西洋学术外，还教授中国经史文字，使学生能学贯中西，成为通晓近代科学和外交事务的人才。1890 年，又在大稻埕电报总局内，设立电报学堂一所，培养电信人才。另在少数民族地区，成立番学堂。

刘铭传在台湾推行的一系列自强新政，加强了台湾的防卫能力，发展了台湾经济，使台湾走向现代化之路，成为清末我国各省中最现代化的省份。清末台湾的新政之所以颇见成效，首先是因为列强的入侵，使清政府意识到积极治理台湾、加强台湾防卫能力的重要。当时主政的洋务派官员奕䜣、李鸿章的支持，也是台湾新政推行较易的原因。较之大陆其他省份，台湾绅民对兴办铁路、开矿、架电线等新式事业更为开明，部分本地绅商还曾给予大力支持，也使台湾的洋务事业推行起来较为顺利。但刘铭传的改革，也存在一些问题，短时间内推动大规模的建设，对建省初期财税并不充裕的台湾，造成相当大的财政压力，另外像基隆煤矿、煤油局等事业绩效不彰，也使刘铭传面临相当多的批评；加上传统官场的争斗倾轧，1891年（光绪十七年），刘铭传因基隆煤矿亏空被人弹劾，黯然离职去台。1896年，在清政府割让台湾给日本的第二年，刘铭传在家乡病逝。刘铭传治台虽短短数年，却是他人生中最辉煌的时期，也是清末台湾各方面蓬勃发展的时期。

刘铭传去后，邵友濂继任台湾巡抚，此时正逢福建省向台湾协饷5年期满，每年减少占财政总收入1/5的44万两协饷银后，台湾财政更趋紧张，并出现赤字47万余两。邵友濂不得不采取紧缩新政的政策，先后撤废清理街道、煤油局、伐木局，停止官营采煤，裁撤西学堂、番学堂和电报学堂等。但邵友濂任台湾巡抚期间，也做了一些工作，如设台湾省通志局，修撰《台湾通志》；移云林县治至斗六门，原县治林圮埔设分防县丞，又设台北府分防南雅理番捕盗同知；扩大台北机器厂，基隆煤矿改为官商合办；继续修建铁路，使台北到新竹的铁路于1893年竣工，等等。邵友濂因财政紧张或者兼有其他原因而采取的紧缩新政政策，使台湾的现代化进程大大放缓。1894年中日甲午战争爆发后，台湾的命运更被彻底改写。

四 乙未割台与台湾绅民的
武装保台斗争

1895 年，日本借甲午战争逼迫清廷签订《马关条约》，台湾被割让给日本。面对被割让的局面，台湾绅民愤而抗争，成立"台湾民主国"，自主抗日；各地由台人自发组织的义军也揭竿而起，为保卫台湾，与前来武力接收的日军奋勇斗争。

甲午战争和乙未割台

日本对台湾的野心，并没有因为 1874 年侵台企图的破灭而消减。1879 年，日本正式侵吞琉球，将其变成下属的冲绳县。其后日本对琉球南部、隶属台湾的钓鱼岛表现出浓厚的兴趣，该年 12 月，日本内务省地理局编纂出版的《大日本府县管辖图》，公然将钓鱼岛列岛划入琉球群岛的领域范围。19 世纪 80 年代，狂热的对外扩张论者、日本内务卿山县有朋，力主以钓鱼岛列岛是"无人岛"等为由，将其划入日本版图。但1885 年 10 月，清廷连续颁布两道懿旨，正式批准成立总理海军事务衙门，又将台湾府改建为台湾省。鉴于当时的中、日两国实力对比，日本还没有稳操胜券的把握，因而不能不暂时放弃在钓鱼岛建国标等侵占计划，转而采取伺机窃取的方针。在觊觎台湾的同时，日本对朝鲜也表现出强烈的野心，曾试图通过外交手段，使朝鲜脱离清政府的控制，成为"独立国"，但最后也因军事力量不足而不得不暂时放弃。为了能在军事上打败中国，从而实现向朝鲜、台湾等地扩张的意图，1885年，日本开始10年扩军计划，"励精图治"，蓄势进攻中国。1890年，日本以国家财政收入的60%来发展海、陆军。1893年起，明治天皇决定每年从自己的宫廷经费中拨出30万元，再从文武百官的薪金中抽出十分之一，补充造船费用。举国上下斗志高昂，均以赶超中国为奋斗目标，准备进行一场以"国运相赌"的战争。1892年，日本提前完成了10年扩军计划。到甲午战争前夕，日本已建成一支拥有6.3万名常备兵和23万预备兵的陆军，以及一支排水量大大超过北洋水师的海军。

1894年春，朝鲜爆发东学党农民起义，朝鲜政府请求中国出兵协助镇压。当清军入朝时，日本以保护使馆和侨民等为由，也出兵入朝。7月25日，日本不宣而战，在丰岛海面对中国海军发动突然袭击，击沉中国运兵船"高升"号；同一时间，日本陆军向驻朝鲜牙山的中国军队也发起了进攻，中日甲午战争爆发。战争第一阶段在朝鲜和海上进行。9月15日，平壤之战爆发，由于清军统帅叶志超贪生怕死，清军战败，并于 21 日渡鸭绿江回国，日军占领朝鲜全境。9 月 17 日，中日两国海军在黄海爆发海战。面对日本联合舰队的攻击，北洋水师在丁汝昌等将领率领下，奋勇抵抗，最后迫使日本舰队撤出战场。但因日本战舰火力远远优于北洋水师，此战北洋舰队损失了 5 艘军舰，死伤官兵千余人，日本舰队有 5 舰受伤，死伤官兵 600 余人。从 9 月 17 日到 11 月 22 日，是战争的第二阶段，主要在辽东半岛进行。这一阶段，面对日军的进攻，清军节节败退。10 月 25 日，日军占领虎山，鸭绿江防线被突破；11 月 22 日，旅顺口陷落，日本在渤海湾获得重要的根据地，北洋门户自此打开。

战争进行到此时，由于清政府最高领导层缺乏坚决抵抗的决心，中国败局已基本确定。同一时间，日本领导层内部也发生了对华作战方向之争。11 月 3 日，日本第一军司令官山县有朋向大本营提出了一份以直隶决战为最终目的的《征清三策》，主张进军直隶、直取京津。但日本首相伊藤博文却以直逼京师可能招致列强干涉为由，于 12 月 4 日提出《应进攻威海卫并攻略台湾之方略》，主张在渡海攻取威海卫的同时，夺取台湾。他认为："苟欲以割让台湾作为和平条约重要条件之一，我方如不先以兵力将其占领之，则无使彼将其割让之根据，将奈之何？"并强调："南向获取台湾为大计。"伊藤博文的意见获得不少日本上层人士的支持，前外务大臣大隈重信、前首相松方正义等，均认为占领台湾，对日本来说非常重要。日本下一步的战略方向，即以伊藤的意见为蓝本，台湾成为日本在甲午战争中明确图谋的一个目标。

在伊藤博文的意见提出之前，日本已在多方打探英、俄等国对其割取台湾的可能态度。日本驻英公使青木周藏向外务大臣陆奥宗光报告："欧洲的舆论，只要不影响欧洲的利害或中国的存亡，不论提出任何条件均无异议。"驻俄公使西德二郎更进一步建议，以"赔偿军费"的名义，使清政府割让台湾。西德二郎的建议被陆奥采纳，并体现于其拟订的《媾和预定条约》第一稿第三条："清国将台湾全岛及……岛之主权，并该地方所有堡垒及官属物件永远割与日本，作为赔偿军费，清国军队即从该地方撤退。自本约批准交换日起，日本国得任便占领上述地方。"1894年12月，日本政府已探知俄、英等国对日本割台不会提出反对意见，于是在《媾和预定条约》第二稿中，保留了上述内容，而省略号所指，应为澎湖列岛。

在日本野心勃勃准备下一步侵略进攻方向时，在清朝政府内部，妥协求和派日渐占据上风，而此时列强也担心日本侵略战争的扩大，影响其在华利益，打算居间调和。1894年11月，美国首先出面调停，于是清政府派总理衙门大臣、户部侍郎张荫桓和湖南巡抚邵友濂作为全权大臣，赴日议和。张、邵到日本后，日本方面却借口其全权不足，拒绝与谈。1895年1月底，战争进入第三阶段，日本发起了威海卫海战，此战导致北洋舰队全军覆没。2月17日，日军在刘公岛登陆，威海卫海军基地陷落。同年3月，辽东半岛也几乎完全落于敌手。战场上的一再失利，尤其是北洋水师的溃败，使清政府更加无心抗战，一再求和，最后派直隶总督李鸿章出使日本议和。

此时清廷早已得知日本对台湾等地的领土野心，开始多方寻求外交支援，以期在列强干预下，使日本放弃割让台湾的要求。1894年冬，两江总督张之洞在听到"倭索台湾"的传闻后，即致电北洋大臣李鸿章，认为"台湾万不可弃，从此为倭傅翼，北自辽，南至粤，永无安枕，且中国水师运船终年受其挟制，何以再图自强？台湾每年出产二百万，所失更不可计"，提出"与其失地赔费求和与倭，不如设法乞援于英、俄，饵以商务利益"。建议贿赂列强以保全台湾。到1895年2月，日本提出的一个主要议和条件，就是中国必须派出有商让土地之全权的大臣。清廷内部，为割地问题，各权臣焦思苦虑，却苦无对策。军机大臣翁同龢坚持反对割让台湾，认为"台湾万无议及之理"。因签订《马关条约》背上"卖国贼"骂名的李鸿章，其时也不甘心将台湾割给日本，在赴日之前，他连日奔走于各国使馆，意在寻求支持。在西方列强中，李鸿章对英国尤其寄予厚望。为了不割让土地给日本，李鸿章甚至向英国公使欧格讷出示了一份由英国传教士李提摩太草拟的《中英同盟密约草稿》，不惜以给英国更多利权，换得英国的外交支持。但当时英国对台湾战略地位的重要性认识不足，对日本国力的发展也缺乏足够的前瞻性；为了防止俄国南下，情愿纵容日本的势力拓展，对日本割让台湾的企图并不想干涉。另一对台湾有所企图的列强法国，此时忙于在马达加斯加的殖民战争，对台湾问题则是力不从心。在寻求列强支持无望的情况下，李鸿章领下全权敕书，前往日本马关，与日本全权代表、总理大臣伊藤博文和外务大臣陆奥宗光议和。

1895 年 3 月 20 日，双方在春帆楼会见。李鸿章要求议和之前先行停战，日方却提出包括占领天津等地在内的四项苛刻条件，迫使李鸿章撤回停战要求。为了逼迫中国在谈判桌上同意割让台湾，日军按预定计划，从 3 月 23 日开始向澎湖发起进攻，并随即占领澎湖。3 月 24 日，中日双方第三次谈判，伊藤博文告知李鸿章日军已出兵台湾的消息，逼迫李鸿章在台湾问题上让步。会后，李鸿章在回使馆途中突然被日本浪人刺伤，日本担心造成列强干涉的借口，自动宣布承诺休战。30 日，双方签订休战条约，但休战范围仅限于奉天、直隶、山东各地，此时已被日军占领的澎湖地区则被排除在外，使日本保持了在这里的军事压力。4 月 1 日，日方提出十分苛刻的议和条款。10 日，日方提出最后修正案，要中方明确表示是否接受，不允许再讨论。在日本威逼下，清政府忍辱接受。4 月 17 日，李鸿章与日本签订了中国近代以来最为丧权辱国的《马关条约》，清政府不仅赔偿日本军费白银 2 亿两，开放沙市、重庆、苏州、杭州四地为通商口岸，更将辽东半岛、台湾岛及其所有附属各岛屿、澎湖列岛割让给日本，朝鲜也成为日本的势力范围，另外还有其他数项不平等条款。《马关条约》签订后，清政府失地赔款，从此一蹶不振。

《马关条约》一经签订，割让台湾已是既成事实，但中国朝野对此还是不甘心，不少人寄希望于列强能够保台。1895年2月底，张之洞在推荐李提摩太的同时，另提出一项"权宜救急之法"，即通过以台湾作保，向英国借款，从而将台防交给英国；如果英国还是不肯，可以在借款外，另允许英国在台开矿一二十年。这也就是所谓的抵押台湾计划。《马关条约》签订当天，台湾巡抚唐景崧得知割台消息后，急电总理衙门，重提张之洞的"押台"保台计划，并邀集台湾士绅名流，向英国驻淡水领事金璋表达此意。总理衙门奕劻、荣禄以及李鸿章等，也都曾为押台一事多方奔走。但其时英国政府早已做出决定，允许日本占领台湾，清朝官员争取外援以保全台湾的活动，最终毫无结果。

"台湾民主国"和台湾绅民的武装保台斗争

《马关条约》的内容一经传出，全国舆论大哗。正在京城应试的各省举人，以康有为、梁启超为首，联名"公车上书"，要求清政府拒绝如此屈辱的条件。台湾人民在听到割让台湾的消息后更是悲愤交织，以嘉义进士丘逢甲为首，台湾绅民数度上电清廷，反对割让台湾；台北人民在《马关条约》签订的第二天"鸣锣罢市"，抗议清政府的卖国行径。在事难挽回的情况下，5月16日，以丘逢甲为首的一个台中士绅代表团来见唐景崧，商定根据"万国公法'民不服某国，可自立民主'之条"，决定"自立岛国"。1895 年 5 月 25 日，丘逢甲、陈季同、林朝栋等台湾士绅宣布成立"台湾民主国"，推台湾巡抚唐景崧为总统，丘逢甲为全台义军统领，刘永福为大将军，准备不奉清廷号令，自主抗日；但同时又以"蓝地黄虎旗"为国旗，定年号为"永清"，以表示永远心向大清之意。

当台湾人民酝酿自主之际，日本也在做占领台湾的准备。5 月 10 日，也就是在中日双方于烟台换约的第三天，日本政府将海军军令部部长桦山资纪晋升为大将，并任命他为台湾总督兼军务司令官。与此同时，日本参谋本部制定了"进攻台湾之南进军编制"和"进攻台湾之南方派遣舰队编制"，前期南进军包括先前派遣到澎湖的混成部队，并以陆军中将北白川宫能久亲王率领的近卫师团约 1.5 万人为主力，前来武力接收台湾。当时台湾不少官员已奉命内渡，清军比较精锐的福建水师提督杨岐珍部 5 营和台湾镇总兵万国本部 4 营也先后撤走，台湾仅余清军约 3.3 万人。面对装备精良的日军，以刘永福率领的黑旗军为首的清军，联合各地台人自发组织的义军，奋勇杀敌，浴血奋战，展开了一场轰轰烈烈的反割台、反占领的抗日斗争。

5 月 28 日傍晚，桦山资纪乘横滨丸到达淡水港附近，遭到了守军的强烈抵抗。日军见淡水港不易攻下，便改由三貂角附近防卫较弱的澳底登陆，守军措手不及，不战而溃。6 月 2 日，清朝代表李经芳与台湾首任总督桦山资纪在海上完成所谓的台湾交割仪式。6月3日，日陆海军向基隆发起猛攻，守军顽强抵抗，终因力量悬殊而不敌，基隆失陷。在进攻基隆的同时，日军又向位处基隆至台北道路要冲的狮球岭发动攻击。此地原由林朝栋率栋字十营驻守，但因林与北路防军统领张兆连不和，被唐景崧调往台中。当天下午，狮球岭也被日军占领，台北危急。唐景崧、丘逢甲等"民主国"领导者见情势危急，纷纷内渡。领导中心一失，台北城内便陷入了混乱，烧杀劫掠不断，于是台北绅商李春生、辜显荣等，前去日军阵营，要求日军平乱并引领日军进占台北城。日军拿下台北城后，于6月17日在巡抚衙署举行总督府始政仪式，宣布开始统治。这个日子被日人设为"台湾始政纪念日"。

占领台北后，6月19日，日军开始南下进攻桃园、新竹。然而，日军向南部的行进遭到台湾军民的顽强抵抗。当时，全台各地义军纷起，苗栗铜锣湾生员吴汤兴、苗栗头份塾师徐骧、原丘逢甲义军诚字正前营丘国霖、苗栗生员吴镇洸等，均率领义军在新竹阻截日军南下。尽管日军在6月22日攻下新竹，但义军随后的反攻和在桃园中坜发动的攻击，使日军往北的粮道受阻，桦山资纪不得不改变"南征"计划，暂缓南进，准备待完全控制台北新竹间的局势后，再全力南侵。为此，桦山一方面加紧对台北新竹间抗日义军的扫荡，一方面对台北人民施行高压统治，规定凡抵抗日军、破坏日军设施或有碍日军行动者，均处以死刑。日人的高压政策激起了台湾人民更加坚决的抵抗。

在新竹南进受阻后，日军事实上陷于吴汤兴率领的新苗义军（以人员均来自新竹、苗栗而得名）、杨载云统领的新楚军和新竹北部胡嘉猷、苏力、江国辉等率领的义军包围之下。由于台湾知府黎景嵩竭力为新苗义军筹饷，新苗义军和黎景嵩主持组建的新楚清军实现联合作战。7月上旬，黎景嵩命令抗日联军各部克期收复新竹。7月10日和25日，抗日联军向新竹反动了第二次、第三次进攻，但因黎景嵩不愿黑旗军北上增援，坐失良机，致使抗日联军两次进攻新竹，虽全力攻城，却都未能成功。

8月8日，从基隆登岸的日军第二师团混成第四旅团进入台北城，侵台日军力量大增，新竹的近卫师团再无后顾之忧，开始向抗日联军发起全面攻击。刘永福手下大将吴彭年率领的黑旗军以及新楚军等奋起抵抗，但在日军兵力占优势的情况下，抗日联军终究难敌，8月14日，日军占领苗栗，原新楚军统领杨载云战死。8月18日，黎景嵩因积欠饷银、府库告罄，不得不将新楚军交给吴彭年。从此，各军都由黑旗军统属，驻台清军自此总算实现领导权上的统一，但因为此前唐景嵩、黎景嵩等人对刘永福的私心防范，清军内部颇多掣肘或内讧，清军战斗力已受到很大损害。更重要的是，形势发展到此时，敌强我弱，已很难扭转。8月下旬，日军攻至台湾府城彰化，府县众官员都提议弃城，刘永福命令吴彭年死守，吴彭年也做好了身殉的准备，吴汤兴、徐骧等也力主抵抗。在随后的彰化保卫战中，吴汤兴、吴彭年先后血战至死，仅徐骧得率少数义军脱围而出。

日军占领彰化后，又分三路出动，一路往西至鹿港，一路出南门到社头，另一支至云林、北斗街。8月底，日军攻陷云林。刘永福当时坐镇台南，内乏粮饷，外乏援兵，部队仅剩不足10营，形势极为不利。但刘永福采纳部将建议，一方面起用杨泗洪为节制黑旗前敌诸军；另一方面接受文案吴桐林、罗绮章的建议，招抚各地抗日义首，并实行一联十、十联百，由近及远的"联庄法"，台南各地义首应招者众，比较著名的如简成功、简精华（简义）、黄荣邦、林义成（又名林少猫）等，均加入刘永福麾下。黑旗军和各路义军曾反攻彰化，并在大莆林和日军发生激战，迫敌向北败逃。经过一个多月的作战，抗日武装曾一度收复云林、苗栗一带，歼敌千人。但因粮饷、枪械极度缺乏，抗日武装处境越来越艰难。9月中旬，日军集结起优势兵力约4万余人，全力南侵，刘永福的黑旗军联合义军，奋力抵抗，但因实力悬殊，10月中旬，嘉义失守，距台南府城仅20公里的曾文溪也很快被日军占领。10月18日，日军对台南形成南北夹击、三方包抄的形势，刘永福腹背受敌。在孤立无援的情况下，经过士绅的劝说，刘永福乘英国轮船内渡厦门。10月21日，日军由小南门顺利进入台南城，"民主国"至此灭亡。11月18日，台湾总督桦山资纪向日本政府报告：全岛平定。

"台湾民主国"是在日本侵略者即将武力侵占台湾的情况下，台湾绅民为抗日保台而建立的抗日救亡政权，虽然存在的时间不长，却展现了台湾人民"誓不臣倭"的决心。在"民主国"的旗帜下，以刘永福为代表的清军官兵和广大台湾人民，为保卫台湾每一寸土地不被日本侵略者占领，不惜抛头颅、洒热血，历经一场又一场大小战斗，使日本侵略者付出沉重代价。历时近半年，日本先后投入兵力 7 万多人，并备有现代化的舰只武器，才完成所谓的接收。包括近卫师团长北白川宫能久亲王和第二旅团长山根信成在内的4800 名官兵，都死于武力接收的过程中。在武力保台的斗争中，很多台湾士绅揭竿而起，组织义军，为保卫家园而战。有些人甚至毁家纾难，如苗栗生员姜绍祖，当时不过是 20 岁出头的年轻人，后来牺牲在新竹一带战场上，令人唏嘘不止。不少清军官兵也与台湾人民并肩作战，最后甚至牺牲在这片土地上。如曾任刘永福幕僚的浙江余姚人吴彭年，遵刘永福令死守彰化城，最后战死沙场，而他所言"吾与台事毫无责守，区区寸心，实不忍以海疆重地，拱手让人。"正道出绝大多数奋力保台的清军官兵的拳拳爱国之心。只可惜清政府无能，既无力改变台湾被割让的命运，在台湾军民起而抗击日军武力占领时，对他们也不曾给予任何援助，加上"台湾民主国"内部不团结，在据有强大优势的日本侵略者面前，终究难免失败的命运。

　　然而，日本侵略者虽号称占领了台湾，台湾人民的抗日斗争却并未就此平息，在全台各地，仍有抗日烈火熊熊燃烧。

五 日本占领台湾后殖民统治秩序的建立

1895 年，日本占领台湾，在台湾实行以差别待遇为基础、不同于日本内地的殖民统治政策，建立起集行政、军事、立法于一体的总督专制制度。尽管 1920 年代殖民统治政策由渐进主义转向内地延长主义，但总督的权力仍然极为强大。在地方行政中，日本建立起强大的警察网络，从上到下掌控了台湾社会，并以保甲组织相辅助，使殖民政府的控制力到达每一个人。

 ## 总督专制制度的建立

日本通过《马关条约》，从清政府手里夺取台湾以后，由于没有海外殖民地的统治经验，如何统治台湾成了日本政府的一大难题。日本政府司法省雇用了法国人卢朋（M. J. Revon）和英国人卡库德（W. M. H. Kirkwood）为顾问，希望从西方列强的殖民地经验中，寻找统治台湾的良方。卢朋和卡库德分别向日本政府提交了意见书。卢朋认为台湾施政的最终目的，是使台湾成为与日本内地完全相同的一个县，因此主张借鉴法国在阿尔及利亚的经验，以非急躁的渐进方式，在台湾实行县制，并将日本本土的法律运用到台湾。而卡库德则建议以英属殖民地印度、香港等为模板，将台湾作为天皇直属殖民地，设台湾总督，使其在天皇大权下行使对台湾的各项统治，台湾财政独立于日本中央财政，殖民地的立法尽量尊重台湾旧惯，日本宪法不施行于台湾。日本后来设计台湾殖民统治体制时，即主要采纳卡库德的建议；而卢朋的主张则对原敬等日本官僚产生很大影响，成为殖民统治中期内地延长主义政策的源头。

1895 年 5 月 10 日，日本政府任命海军大将桦山资纪为台湾总督，兼任台湾陆海军务之司令官，而且派遣其为接收台湾的全权委员。当时首相伊藤博文曾交给桦山资纪两份有关台湾接收的训令，对于接下来台湾的统治机构设置却没有交代。5 月 11 日，桦山资纪向伊藤博文提交了《台湾总督府条令》，并建议在日本内阁设置台湾事务局。5 月 21 日，桦山资纪公布了《台湾总督府临时条例》，规定总督府设民政局长官、陆军局长官、海军局长官、内务部长、外务部长、殖产部长、财务部长、学务部长、递信部长、司法部长、参事官、秘书官、书记官、技师、技手等，也就是采取民政局长官、陆军局长官和海军局长官并列的三局体制。6 月 13 日，日本政府以敕令第 74 号公布，在内阁中设置管理台湾和澎湖列岛事务的台湾事务局，该局介于日本中央政府和台湾总督之间，由伊藤博文任总裁，委员则由来自各相关部会的代表组成。

桦山资纪到台湾后，出乎意料地遭到台湾人民的强力抵抗，接收台湾的工作极不顺利，日本政府于是将镇压台湾人民的反抗作为殖民统治的急务。8月6日，大本营决定将原来担任辽东兵备的第二师投入台湾，同时公布《台湾总督府条例》，规定在台湾实行军政，设参谋长，辅佐总督，监视总督府内各部局的业务。台湾总督府被整编为军事官衙，同时隶属于台湾事务局和大本营。8月20日，陆军中将高岛鞆之助被任命为副总督，担任台湾作战司令官，这是日据时期台湾唯一的一位副总督。

在台湾全岛大体平定后，1896年3月，台湾撤废军政，复归民政。日本明治政府颁布了一系列有关台湾统治的法令，其中包括规范台湾法律体系的法律第63号《关于实行于台湾的法令之法律》，即通常所说的《六三法》，以及以敕令形式颁布的《台湾总督府条例》、《台湾总督府评议会章程》等，以法律的形式确立台湾殖民统治体制。在中央机构方面，日本废止了台湾事务局，另在内阁设置拓殖省，负责管辖台湾等殖民地事务。根据《台湾总督府条例》，台湾总督由天皇直接任命，并由陆海军大将或中将等高级武官担任。台湾总督府虽然是民政机构，但总督不仅拥有行政权，而且拥有日本内地地方官员所没有的军事统率权和指挥权。同时，根据《六三法》，台湾总督"得发布在其管辖范围内具有法律效力的命令"。虽然表面上台湾的立法机构是台湾总督府评议会，但该会成员都是总督的下属，而且只有总督有发议权，评议会只是合议制的总督僚属会议，对于台湾总督的牵制力非常有限，因此《六三法》等于将台湾的立法权赋予台湾总督，同时将台湾摈弃于日本宪法的保障之外。《六三法》这种赋予台湾总督独断专行权力的做法，在日本议会遭到"违宪"等激烈批评，最后日本政府不得不做出妥协，规定《六三法》有效期仅为三年。但此后《六三法》每隔三年即予延长，1907年开始施行的《三一法》，与《六三法》也并无本质不同，台湾总督集行政、立法、军事大权于一身的独裁专制体制并未有根本性改变。直到第一次世界大战以后，总督府的殖民统治政策调整，总督的权力才稍有削弱，但也并未真正撼动总督的集权。

后藤新平与渐进同化政策

尽管日本已号称废除军政，复归民政，但在占领台湾三年之后，台湾抗日活动仍然此起彼伏，总督府忙于四处讨伐，无力经营民政。军事占领对日本国库造成沉重负担，连年讨伐，加上社会动乱不安，总督府税收不足，财政赤字严重，财政支出严重依赖日本政府的补助。台湾之于日本，似乎成了一个负担，松方内阁因此倒台。日本国内有舆论认为，台湾之于日本，是一种"奢侈"，甚而有人主张以一亿元将台湾卖给法国，日本国会最后仅以微弱差距，投票决定继续保留台湾。第三次组阁的伊藤博文，必须在削减台湾补助金的同时，寻找解决台湾财政独立、平定"匪乱"等问题的良方。1898 年 1 月，时任内务省卫生局长的后藤新平提出《台湾统治救急策》，指出台湾统治的关键在于充分运用台湾人的旧惯，实施自治行政。主张恢复保甲制，调整警察制度，简化总督府官制，裁减日本官吏，以节省台湾财政支出；发展民生建设，加强对鸦片的管理，实行鸦片专卖以确保税收，等等。同年 2 月 26 日，儿玉源太郎被任命为台湾第四任总督，后藤新平出任民政局长。儿玉、后藤到任后，于 6 月 18 日公布新的《台湾总督府官制》、《台湾总督府评议会章程》、《台湾地方官官制》，对台湾殖民统治体制做了重大修改。新《台湾总督府官制》，将民政局长改称民政长官，并扩大其权限。在旧官制中，台湾总督府在总督之下设置陆军幕僚、海军幕僚、民政局、财务局；在新官制下，废财务局，其职掌合并到民政局。新修改的《台湾总督府评议会章程》则通过将武官排除在一般事务之外，进一步加强民政部门的权力和优势地位。新章程规定陆军幕僚参谋长和海军参谋长等武官，仅在会议事项涉及军事时，才出席评议会，从而使评议会成为总督府的文官僚属会议，且使民政局在评议会具有举足轻重的地位。

后藤新平对于统治台湾有其一套理论体系，他所提倡的特别统治主义和渐进同化政策成为日据初期台湾总督府的基本统治策略。受德国式科学殖民主义影响的后藤新平认为，从生物学的观点，同化殖民地人民既不可能也不可行，因此主张仿效英国殖民统治方式，将台湾视为真正的殖民地，不适用内地法律，而采用特别统治主义。后藤认为应当先对台湾的旧有风俗进行调查，再针对问题提出因应政策，这一原则被称为"生物学原则"，以此原则为基础，后藤新平确立了以渐进同化为主的统治方针。在殖民统治的初期，也就是从 1895 年到 1918 年，台湾总督共有七任，均由高级武官充任，是为武官总督时期。这一时期就殖民统治策略来说，则是渐进主义时期，后藤新平的主张对该时期的统治策略有相当大影响。殖民政府除了隔离台湾与大陆的关系外，以镇压、招抚两手策略平定台湾人民的反抗，笼络台湾精英，实施保甲制度，适度保留台湾旧有风俗等，成为施政的重要内容。

 内地延长主义

第一次世界大战后，受世界范围内民主与民族自决思想蓬勃兴起的影响，台湾人民也展开了废除差别待遇，要求民主、自治等社会运动，日本国内自由派思想也渐趋上风。1918 年，原敬担任日本首相，于次年修改了《台湾总督府官制》，将"台湾总督由陆海军大将或中将充任"改为"总督亲任"，使文官出任总督成为可能。1919 年 10 月，田健治郎被任命为第八任台湾总督，成为台湾第一任文官总督，一直到第十六任总督中川健藏，台湾总督均由文官担任，是为文官总督时期。几任文官总督均为上院议员，政友会、宪政会或民政党等党派成员。田健治郎上任后，改变过去高压、专制、差别待遇的统治策略，提出同化主义的施政方针，主张"台湾乃构成日本之一部分领土"，将台湾视为日本内地的延长，试图通过文教、文治，教化台湾人民，使台湾成为日本真正的领土，台湾人民成为真正的日本臣民。受新的殖民统治政策的影响，1921 年 4 月 1 日，日本政府公布法律第三号《关于应该在台湾施行的法令之法律》，简称为"法三号"。根据该法，台湾总督的立法权受到限制，只有在台湾需要，而日本国内没有相关法律或现有法律不适用于台湾时，台湾总督才拥有律令权，总督独揽大权的状况有所改变。同时，扩大总督府评议会规模，吸收台湾精英进入评议会。1921 年 6 月，田健治郎公布了《台湾总督府评议会官制》，设置评议员 25 名，遴聘总督府高级官员 7 名、日本人 9 名、台湾人 9 名担任，作为台湾总督施政的咨询机构。总督府遴聘辜显荣、林献堂等出任评议员，以此笼络台湾精英。总督府评议会原则上可以对总督的政务进行监督评议，但对总督府施政的实际影响力非常有限，更多的只是殖民政府收买、安抚台湾精英的一种手段。

1936 年 5 月，在中国抗日战争爆发的前一年，日本再次起用武官总督，海军大将小林跻造出任第十七任总督，至日本战败投降、台湾光复前，继任的两任总督也均由武官出任。伴随武官出任台湾总督，殖民政府对台湾人民也转而采取铁血政策，从 1937 年到1945 年，日本为积极南进，将台湾纳入战时体制，使其为日本提供人力和物资支持。为彻底切断台湾与中国大陆的联系，殖民政府在台湾推行皇民化政策，强制台湾人民学习日语、改日本姓名、信奉日本宗教等等；并征调台湾人民上战场，使其成为日本发动太平洋战争的牺牲品。

地方行政的变迁

日本殖民统治台湾 50 年间，台湾地方行政经历了县制时期、厅制时期和州制时期，在各时期内，又有多次变化、调整，特别是初期的县制时期内，变化尤为频繁。这种地方行政体制的频繁变化，从一个侧面反映出当时殖民统治的不稳定。

从 1895 年日军占领台湾到 1901 年 11 月，是实行县制时期，其间又有 6 次调整。1895 年 7 月，日军占领台北不久，即颁布台湾地方官制临时条例，以清政府时期的 3 府 1 直隶州为基础，将台湾划分为 3 县 1 厅，即台北县、台湾县、台南县和澎湖厅，并在县、厅之下设支厅。但当时日军实际控制的仅为台北地区，在中部和南部，抗日军民正在顽强抵抗日军的武力接收，因此上述行政区划只是徒有虚文。1895 年 8 月，日本决定在台湾实行军政，为进行武力接收，在中部和南部由军方配合地方治理，除台北县和澎湖岛厅建制基本未变外，废止中部的台湾县和南部的台南县，分别改设台湾民政支部和台南民政支部，形成 1 县 2 民政支部 1 厅的格局。在民政支部之下，则改支厅为出张所，台湾民政支部下设苗栗、鹿港、埔里社、云林、嘉义5个出张所，台南民政支部下辖安平、凤山、恒春、台东4个出张所。1896年4月，当殖民政府认为全岛基本平定时，总督府号称复归民政，在地方恢复3县1厅，并将台湾县改为台中县，出张所则全部调整为支厅。1897年6月，因3县1厅的行政空间过大，总督府对地方行政区划再做调整，改成6县3厅制，即台北县、新竹县、宜兰厅、台中县、嘉义县、台南县、凤山县、台东厅、澎湖厅。在县、厅之下，废支厅，改设86个办务署，办务署之下是街、庄、社。1898年6月，儿玉、后藤上任后，为减少财政支出，对地方行政组织进行精简。根据新公布的《台湾总督府地方官官制》，台湾废除原来的办务署，并将原来的6县3厅合并，改编成3县3厅，即台北、台中、台南3县和嘉义、澎湖、台东3厅。此次地方官制调整，裁撤了1080余名冗员，减少了台湾总督府的财政支出。1901年5月，从台南县分划出部分地区，增设恒春厅，变成3县4厅格局，并在县之下设办务署，厅下设出张所。

从1901年11月到1920年，是所谓厅制时期。1901年11月，总督府认为原有的总督府、县或厅、办务署或出张所三级制，造成行政事务上的不够灵活，因此决定废县设厅，共设宜兰、深坑、基隆、台北、桃仔园、新竹、苗栗、台中、彰化、南投、斗六、嘉义、盐水港、台南、凤山、番薯寮、阿猴、恒春、澎湖、台东20个厅。厅下统一改设支厅，同时配合警察和保甲制度，设立"区"作为下级行政辅助机构，构成总督府、厅、支厅、区、街庄的地方行政层级。
1909 年 10 月，总督府又对 20 厅进行裁并，成为宜兰、
台北、桃园、新竹、台中、南投、嘉义、台南、阿猴、
澎湖、台东、花莲港 12 厅。同年 12 月，区由下级行
政辅助机构，正式改为下级行政官署，合数个街庄社
为一区，并设立区长。

从 1920 年 9 月到 1945 年台湾光复前夕，为州制时
期。1920 年 9 月，台湾总督府公布新的地方官官制，
根据内地延长主义方针，台湾的地方行政区划，和日
本内地一样，也实行州、市、街庄制，台湾西部 10 个
厅因此被改制为台北、新竹、台中、台南、高雄 5 州，
5 州之下共辖 3 市 47 郡，市、郡同级，47 郡又下辖
263 个街庄。东部则设花莲港、台东 2 厅，2 厅下辖 6
支厅，共 2 街 18 区。1926 年 7 月，增设澎湖厅，形成
5 州 3 厅格局。1937 年，台湾总督府又对厅的下属机
构再做调整，将支厅统一改为郡，区则统一改为街庄。
根据新的地方官制，原来大多由警察担任的支厅长以
下地方官吏，均改由文官担任。于州、市、街庄设有
协议会，作为州知事、市尹、街长、庄长的咨询机构，
但协议会员皆由台湾总督府和州知事任命。1935 年 4
月，为安抚台人精英对地方自治的要求，总督府宣布
实施地方自治，规定州、市、街庄不仅是行政区划，
也是法人和地方公共团体，废除州、市协议会，改设
州、市会，作为议决机构，街庄协议会则仍维持咨询
机关性质。市、会议员和街庄协议会员一半由民选产
生，一半由州知事任命，但仅这一半的民选，对选举

人的资格还有诸多限制，有些地方符合选举人条件的日人多于台湾人，所谓的地方自治实质上非常有限。

警察保甲制度

除从上到下地方行政机构的设置外，台湾总督府还以警察制度和保甲制度相配合，实现对台湾人民最严密的控制。

台湾总督府刚成立时，在内务部内设有警保课，主管警察保安事务，其任务包括卫生和户口调查。1897年，为有效改善台湾治安情况，第三任总督乃木希典曾在台湾实行三段警备法，将全台按治安状况划分为三个区域：一等区为抗日分子活动最活跃的山区，其治安维持由日本军队组成的台湾守备混成旅团负责；二等区为介于山地和平地间的中间地带，由日本宪兵负责警备；三等区为平地街庄，由日本警察官吏负责治安警备任务。三段警备制因为军警宪之间治理区域的不易区分，且与行政区化有冲突，不久就被废止。后藤新平出任民政长官后，着力消除军人对民政的干预，加强民政措施。为了稳定台湾的社会秩序，后藤新平决定加强警察职能，扩充警察机构，日据时期台湾特有的警察制度逐渐形成。在后藤新平的坚持下，总督府于民政部下属单位中，除设立总务、财务、通信、殖产、土木5局之外，另设立警察署，以警视总长为警察署首长，位居各局之首。警视总长听命于总督和民政长官，可就警察事务直接指挥厅以下人员。

在地方上，1901 年 11 月总督府实行的地方行政机构调整，配合了警察制度的推行，改县为厅，并在厅下设支厅。厅长虽由文官担任，但一来在警察事务上，须听命于警视总长，二来其下设警务、总务、税务 3 课，其中总务、税务二课的工作都需要警务课的支援，等于各厅的政务均由警察部门协助处理。至于支厅长，通常由警部担任，其下的官吏更全部为巡查。警察与行政至此合而为一。由于支厅已经是近于基层的单位，可以接近人民，如此一来，总督府通过警察制度，即可从上到下，实现对台湾人民的掌控。

日据初期，警察大多出身陆军部雇员，素质良莠不齐。后藤新平为建立警察王国，以优厚的津贴从日本招训新人，鼓励警察学习闽南语、客家话和少数民族语言。为节省财政支出，后藤新平还任用台湾人担任低级的巡查补。到 20 世纪初年，台湾警察的数量已非常庞大，远远超过文官的数量。1904 年，台湾有街庄役场 490 个，警察派出所却有 957 所，平均每街庄（相当于现在台湾的村里）有近两所。同时，警察的职责范围非常广泛，无论税务、卫生、农政、土地调查、少数民族管理等，都由警察办理，以致台湾人民耳目所及的官吏，只有警察，人民的生活，无论政治、经济、社会，无一不与警察发生关联。总督府又将警察制度与保甲制度结合起来，更使警察的掌控力自城镇、乡村到达每一个人。

保甲原是清代台湾地方自卫组织，任务在于协助政府防范盗贼及维护地方安宁。后藤新平出任民政长官后，为了减少总督府财政支出，实现以台治台，于1898 年 8 月，颁布保甲条例。在恢复清代保甲制度的基础上，去其"自主性、自卫性"，将其作为最末梢的行政辅助单位，十户联而为甲，十甲联而为保，保设保正，甲设甲长。保甲中 17 岁至 40 岁的男子，组成"壮丁团"，保甲及壮丁团经费均由保甲内各户负担。保甲成立之初，主要作为政治和社会控制工具，是警察行政的辅助机关，保正、甲长直接受警察的指挥监督，维持地方秩序。一保、一甲之内的人民且负有连坐责任，保甲成员的日常生活、行动完全在控制之中。在镇压台湾人民抗日活动、平定岛内社会秩序的过程中，保甲制度起到很重要的防范、监控台湾人民的作用。随着社会新秩序的建立和安定，1909 年以后，保甲的功能转向辅助基层行政工作，凡是民政、建设、交通、纳税等一般行政事务，也在其职责范围内。总督府还利用保甲协助放足、断发、推广日语等运动，可以看出保甲是总督府行政动员的重要工具。

进入 1920 年代，殖民政府在台湾推行内地延长主义，新上任的文官总督田健治郎着手削减警察机关的权力，将地方警察机关的直接指挥权移交州知事或厅长，在新的地方官制改革中，支厅以下行政官员也不再由警察担任，并将警察事务与一般行政区分开来。与此同时，总督府着手提高警察素质，调整警察待遇，完善警察装备，使警察事务能够顺利贯彻执行。然而，对警察权力的削减非常有限，在一般行政方面，警察的影响力仍非常大，因民政历来都由警察机关办理，警察对保甲组织、对社会的渗透与掌控已是根深蒂固。因此，警察在基层社会的职权范围，仍然囊括了治安、行政、农业推广、社会生活等领域的所有内容。根据1922年的一项统计，台湾平均一个警察管547人，而在日本，一个警察管1228人，在同为日本殖民地的韩国，一个警察则平均管919人。警察对台湾社会的强效控制，于此也可见一斑。

为了监控台湾日益增加的左派社会运动，1928年，总督府又另行设立了"特别高等警察"，也就是秘密警察制度，严密监视台湾人民的思想活动，防范共产主义运动，以及要求民族独立或自治的民族运动。1938年10月，为强化战时经济统制，殖民政府设立经济警察，专门取缔经济违法事件，包括物资统制、贸易统制、兼管物价、配给统制等。到太平洋战争末期，一般警察也主要从事经济统制工作。如此数量庞大、职权庞杂的警察网络，使台湾人民很难反抗日本的殖民统治。

六 殖民地社会经济体制的建立与发展

在殖民统治最初几年，日本殖民政府忙于军事镇压台湾人民的武装抗日斗争，不仅无暇顾及经济建设，台湾财政反而严重依赖日本政府的补助，对日本国库造成沉重的负担，以致日本国内有卖掉台湾之论。面对舆论的压力，以及大大削减的政府补助金，为了谋求财政独立，维持殖民统治，从第四任总督儿玉源太郎开始，着力台湾经济的建设与发展，逐渐在台湾建立起米、糖二元经济为主体的殖民地经济体系。台湾成为农产品和原料的供应地，以及日本工业产品的市场，日本资本控制了台湾的主体经济，台湾人在经济上处于附属地位。日据时期总督府还实行日台人差别教育，台湾人主要接受的是日语语言为主的基础教育和较低层次的技术教育，为数极少的高等教育，也主要培养教师和医师等专门人才，通过差别教育，进一步将台湾人同化在社会金字塔的中下层和底层。

 殖民地经济基础工程的建设

1898 年，新上任的民政长官后藤新平提出了以

"殖产兴业"为中心的 20 年财政计划，希望在 1909 年实现台湾财政独立。总督府以发行事业公债的方式，自日本政府获得资金，在台湾从事殖民地经济基础工程的建设，如进行土地整理，修建铁路、港口，整理币制、设立台湾银行，统一度量衡等，从而为日本官、民营企业进入台湾、参与台湾开发铺平道路。

（1）土地、林野调查

对于台湾地权关系中的大租权与小租权问题，清末刘铭传虽然曾试图予以改革，重新清丈田亩，并承认小租户的业主权，但因时间短暂以及其他阻碍，土地调查事业未能成功，地籍混乱和大量隐田问题依然存在。为了清理隐田，明确土地所有权，从而增加税收，1898 年 7 月，总督府公布《地籍规则》和《土地调查规则》，开始全面进行土地调查。大规模的土地调查工作持续了 6 年，共投入人力 176 万人次，资金 522 万元，调查地籍面积近 78 万甲。土地调查的结果，清理出大量隐田，台湾耕地面积由调查前的 37 万甲，增加到调查后的 63 万甲。1904 年，殖民当局又以补偿金的方式，买断大租权，使小租户成为业主，地租负担有所减轻，加上后来水利等基础工程的建设，农业生产有所发展，小租户收益有所提高，因此对随后总督府的增税措施，不像当年对刘铭传改革反对那么强烈。通过土地调查工作，殖民政府建立起地权明晰的近代土地制度，使土地交易能够安全进行，从而吸引日本资本的投入。土地调查还使殖民政府的赋课收入大为增加，由之前的 86 万余元增加到 298 万余元，实现了增税的目的。同时，通过土地调查，殖民政府得以掌握台湾的地理地形，对治安控制也有很大帮助。

上述土地调查，仅针对水田和旱地。1910～1914年，台湾总督府又以5年时间，展开林野调查，分别确定官有权和民有权。林野调查工作将原由台湾人使用，却提不出土地权状的林野编入官有。除少数民族居住的"番界"外，在97万余甲林野中，有近91.7万甲被收为官有，民有的仅不到5.7万甲，其中还包括不承认其所有权，但因长期使用而准予继续使用的"缘故林"。在确定林野所有权后，1914～1925年，殖民政府又实行官有林野整理事业，将20余万甲官有林野出售，从而获得近546万元的巨额收入。

（2）统一货币、度量衡

清末台湾因为开港通商，流通的货币种类繁多，日本占领台湾之初，因军费的需要，大量的日本银行钞票、一元银币及其他流通币，进入岛内流通，使台湾的货币更加复杂。日本本土于1897年公布了《货币法》，开始施行金本位制度，殖民政府希望将此制度延伸到台湾，于是以渐进方式，在台湾推行币制改革。1899年，台湾银行开业，发行一元银币为法币，兑换现有钞票。1904年6月，台湾银行发行金币兑换券，除纳税外，禁止银元的流通。到1905年，银元纳税也被禁止。在经过上述一系列动作之后，1911年4月，颁布《货币法》，台湾的币制与日本国内完全统一。

为了使台湾度量衡与日本国内一致，1900年，总督府颁布《台湾度量衡条例》，并于第二年开始实施，根据该条例，台湾实行与日本内地统一的度量衡；1903 年底，总督府禁止中式度量衡的使用；从 1906 年 4 月起，关于度量衡的制作、修理及买卖，都由官方经营，通过度量衡器具供给的官营，确立并普及新的度量衡制度，使台湾的度量衡与日本一致。

货币与度量衡的统一，使台湾由隶属于中国经济体系，转而被纳入日本经济体系内。为方便日本资本进入台湾，以及促进台湾和日本间的经济贸易往来，创造了有利条件。

（3）建立专卖制度

台湾自清末开港以来，对外贸易主要由欧美资本掌控。日本占领台湾后，一方面为增加财税收入，另一方面为了将欧美资本驱逐出台湾，以便为日本资本让路，台湾总督府实行专卖制度，规定樟脑、鸦片、烟叶等，均由总督府专卖，并进而将招标经营的方式，改为委托经营的方式，使重要商品的买卖、运输，由日本资本掌控。1898 年，鸦片收入占财政总收入的 30.9%，是总督府财政由赤字转为盈余的最大功臣，足见专卖制度对增加总督府财政收入的重大影响。

（4）统一关税

在台湾实行与日本国内一样的关税制度，取消日本、台湾间的关税。与之相对应，台湾和香港、大陆间的关税，从 1899 年以来屡有提高。通过关税和出口税，限制台湾和大陆以及其他国家的贸易，并通过出港税的优惠待遇，鼓励台湾出口米、糖等重要产品到日本。日本成为台湾的主要贸易对象，除茶业领域外，欧美资本进一步被排挤出台湾，台湾和大陆的贸易关系也进一步被疏离。

除上述举措外，总督府还进行铁路交通和海运港口的兴建工作。1899年，总督府开始延长清末刘铭传等修建的纵贯铁路，至1908年完成基隆到高雄的纵贯铁路，使台北到高雄的行程缩短到11～16个小时。同年，总督府开始整修基隆港，使基隆港口的吞吐能力大为提升。为增加农业生产，总督府还以官方力量从事灌溉工程建设，1901年，颁布《台湾公共埤圳规则》，对旧有埤圳进行改造。通过一系列基础工程的建设，殖民政府不仅财政收入大为增加，于1905年提前实现财政独立，更为日本资本进入台湾、攫取台湾资源铺平道路。

 日本资本和台湾糖业的发展

糖是台湾重要的出产品和外销品，由于日本国内砂糖消费严重依赖进口，在占领台湾之初，日本政府就注意到台湾的砂糖。在儿玉总督和后藤新平的殖产兴业计划中，奖励糖业是产业振兴的重要内容。1900年，在总督府的帮助下，三井财团以100万日元资本额，在东京成立台湾制糖株式会社，这是台湾第一家现代化制糖企业。1902年1月，台湾制糖株式会社选在台南厅桥仔头（今高雄县桥头乡）建立第一所新式制糖工场，总督府曾给予补助金作为奖励。

日本占领台湾后，因为社会动荡不安，糖业生产不升反降。为提高产糖额，1901 年 5 月，台湾总督府聘请农学博士新渡户稻造为殖产局长，为台湾糖业发展出谋划策。同年 7 月，新渡户稻造提出糖业改善意见书，建议进行甘蔗品种和种植方法的改良、奖励水利灌溉事业的建设、奖励蔗园的垦辟、成立制糖业的组织等。上述意见被总督府采纳，1902 年 6 月，总督府公布《糖业奖励规则》，并成立临时台湾糖务局作为推动糖业发展的机构。自此，台湾总督府通过各种优惠政策和提供奖励金的方式，积极推动糖业的发展。根据《糖业奖励规则》，总督府对甘蔗种植中的蔗苗费、肥料费、开垦费、灌溉或排水费等，发给奖励金或实物；对于消费一定数量原料的制糖业者，也给予奖助金；对种植甘蔗，需要开垦官有地的，总督府无偿提供；与甘蔗种植有关的水利工程建设，需要用到官有地的，也无偿予以提供。在总督府的奖励政策下，台湾具有新式机械设备的大小制糖工场逐渐兴起。为保证制糖工场获得原料，1905 年 6 月，总督府发布制糖场取缔规则，规定新式制糖工场的设立，必须取得政府许可，并经划定原料采集的范围，也就是实行原料采取区域制度。该制度要求在规定的区域内，不得再设立旧式糖廊或其他新式制糖场；区域内的甘蔗不得运至区域以外，或作为制糖以外的原料；制糖场有义务收购该区域内所有甘蔗，对过剩或过期未收割的甘蔗，须按知事或厅长的指示，对蔗农给予补偿；甘蔗收购价格由制糖会社决定，农民可参考制糖场公布的甘蔗收购价格，决定是否种植，但一般来说，农民并没有选择的余地。甘蔗收购价格既非参考附近制糖会社的甘蔗收购价格，也非由糖的市价决定，而是绑定米、甘薯等甘蔗竞争作物的市价，因当时米价等较低，且价格稳定。通过这样的定价机制，新式制糖场得以保证它的利润，而蔗农如同制糖场的工人，遭受剥削，即便糖价高涨时，也不能分享糖业发展的成果。

通过原料采取区域制度和甘蔗收购价格定价机制，以及一系列奖励措施，新式制糖场的设立或扩张较易，原料方面也得到足够保证，并能够独占糖业发展的利润。这些优惠政策，加上日俄战争后日本国内经济发展，吸引了不少日本资本投资台湾糖业。从 1905 年到 1909 年，又有盐水港、新兴、明治、东洋、林本源、新高、帝国等新式制糖会社的设立，以及改良糖廍的发展。由于糖业投资的增加，加上总督府的奖励政策，台湾产糖量逐年提高，并大量销往日本市场，以满足日本国内的砂糖消费需求。1897～1898 年度，台湾产糖总额为 65 万担，其中输向日本的为 38 万担，约占日本消费额 575 万担的 12%；1924～1925 年，台湾产糖量增加到 800 万担，其中 740 万担输往日本，约占日本消费额 1190 万担的 67%；到 1928～1929 年度，台湾产糖量增至 1296 万担，已能满足日本国内糖业需求。糖业的快速发展，总督府的奖励政策显然是关键。从 1900 年到 1925 年，总督府支出的糖业补助金总额高达 1270 万元，另无偿配给蔗苗 2.46 亿株，加上有关糖政的其他支出，总督府的糖业奖励支出共达 2470 万元。

1911 年 7 月，日本旧的通商条约期满，协定关税废止，日本可以自行确定进口商品的关税。此时由于台湾糖业急速扩张，有生产过剩的隐忧，于是有舆论批评总督府的糖业补助政策有过度保护之嫌。当年10月，总督府撤销临时台湾糖务局，并废止对于制糖会社的直接补助。自此以后，殖民政府主要通过提高进口关税的方式，保护本国糖业资本。经过总督府近10年时间的扶持后，台湾糖业资本也已足够强大，可在关税政策保护下自行完成资本积累，不久连蔗作的改良与奖励，也都由糖业资本自行投资。

1910年，为防止潜在的生产过剩，各制糖会社成立了台湾糖业联合会，以决定生产限额、协定价格等。同年8月，总督府暂时限制新式制糖场和改良糖廊的设立或扩张，并奖励糖业的外销，通过废止过去的输出税，使日资船运公司开拓糖业输出的新航路。1911年4月，台湾银行在上海设立分行，以低利率补助糖业输出。虽然1911～1912年，台湾糖业因遭遇风灾，甘蔗歉收，产量锐减，但总督府通过鼓励抗强风甘蔗品种的培育与推广，使糖业产量逐渐恢复并提升。一战爆发后，欧洲甜菜产区受战争影响，产量大减，世界市场砂糖供应不足，糖价高涨，这为台湾糖业发展提供了绝好的机会。从1916年开始，台湾糖外销中国大陆、香港和印度、加拿大、澳洲等地。在情况好的年份，制糖会社的利润高达百分之百，甚或百分之二百。而制糖会社的利润不仅通过原料采取区域制度和甘蔗定价机制建立在对蔗农的剥削之上；也建立在通过总督府的保驾护航，日本资本驱逐台湾本地资本，从而独占糖业利润之上。

台湾原有的糖业生产流程，是由传统的小农经营提供甘蔗原料，使用人力或畜力的旧式糖廍初步加工赤糖，再经由糖间用同样较为原始的手段，制造再制糖（白糖）。日本占领台湾后，在总督府的奖励与支持下，这种前资本主义的生产方式，逐渐被使用新式机械设备的资本家企业取代。在糖业奖励政策实行之初，使用小型机械设备的改良糖廍非常发达，直到 1910～1911 年度，改良糖廍的总生产力还超过大资本的新式工场。但此后，改良糖廍就逐渐被新式大工场超越，并最终被吞并。而旧式糖廍在奖励政策实行之初就已开始减少，到后来，仅在偏僻的山区尚存百余所，糖间也从 1905～1906 年度开始趋向没落。最终台湾糖业产能的 95.3% 属新式工场，改良糖廍仅占 1.6%，旧式糖廍约占 3.1%。台湾糖业在发展过程中，逐渐资本主义化，这不仅是新式工场的胜利，也是日本资本对台湾本土资本的胜利。因为新式工场几乎都由日本人设立，台湾人自己的新式制糖会社，仅林本源和新兴制糖株式会社两家。林本源制糖是由总督府劝导设立，主要经营干部由糖务局和台湾银行调用，所以其经营受到日本资本家的支配，其势力也不能和日资大会社相比。1927 年，林本源制糖被盐水港制糖株式会社合并。新兴制糖虽由南部富豪陈中和独家出资，但经营权也由台湾银行系统掌控。在日本资本主导的制糖大会社中，虽也有台湾人出资的情况，但其比例往往微不足道。因此，台湾糖业发展的过程，又是形成日本资本独占企业的过程。

台湾经济的殖民地特质，于糖业可见一斑：不仅生产的糖主要用于满足殖民母国的消费需求；糖业的利润，也几乎全由日本资本家企业独占。

蓬莱米的推广和米糖相克

日据时期台湾以米、糖为中心的二元经济发展可以 1925 年为界。在此之前，是糖业的发展扩张期；在此之后，则是米业的扩张期。

日据初期，台湾的米对日本的重要性尚未凸显，日人资本并未进入米作领域，稻米生产因此延续了传统的地主、农民主导的分散经营模式。对台湾稻米品种的改良，以及稻米种植中的水利奖励等政策，总督府都不如对糖业那般积极。1904 年日俄战争爆发后，如何减少因进口米所导致的庞大的军费支出，是摆在日本政府面前的难题。当时儿玉源太郎以台湾总督身份出任对俄战争的参谋长，曾下令三井物产缴纳台湾米 30 万石作为军用米。日俄战争胜利后，日本走上帝国主义道路，不断增加的军备开支，工业化和城市化的快速进行，使得米谷消费问题日益严重，台米输日成为殖民政府必然考虑的方向。但台湾米的口感并不符合日本人的饮食习惯，所以台米改良成为第一步要处理的问题。1920 年代中期以前，台湾的米作改良集中于"在来米"的品种改良，从去除赤米，到限定品种和纯系育种，目的在于从众多的在来米种中选出粒形与日本米近似，并且易于种植、产量高的品种；再辅以奖励绿肥、病虫害防除、堆肥奖励、密植奖励等一系列鼓励耕作技术进步的政策。日据时期，殖民政府发动地主成立农会，作为农业推广组织。当时在来米改良相关事业的推行，以及后来"蓬莱米"的试种和推广，都由各地农会协助进行。总督府对米作改良的相关补助金，也通过农会或产业组合，再到农民个人。

在改良在来米的同时，台湾农事试验场也一直试图将日本的米种移植到台湾，但因气候等方面的限制，开始时仅能在台北七星山周围高台地种植，数量极少。一次偶然的机会，有日本人食用后，反响很好，于是有敏感的商人将其贩售到日本市场，获得好评。其种植面积逐渐扩大，种植区域也由台北山地水田，逐渐下山到平地，再由北部发展到南部，由单季发展到双季。1926 年，台湾总督伊泽多喜男将这种米命名为"蓬莱米"。从 1920 年代中期开始，台湾米作进入蓬莱米时代。蓬莱米单位面积产量比在来米高，但对化肥施用量和水利灌溉的要求也更高，分别于 1922 年和 1930 年建成完工的桃园大圳和嘉南大圳，无疑对台湾农业的发展起到很大的促进作用；蓬莱米对化肥的依赖，则导致从日本进口化肥量的逐年提高。1934 年，蓬莱米的产量超过了在来米。

一战以后，日本对台湾米的需求不断增大，蓬莱米种植成功后，因其口感迎合了日本人，台湾米更是大量输日。1910 年代前后，台米输日年均为 6 万 ~ 7

万石，到 1918 年超过了 100 万石，1938 年则接近 500 万石。台湾稻米产量增加主要满足了日本国内的消费需求，日本年人均稻米消费量得以保持 160 公斤的水平；而台湾人民年人均稻米产量，虽然从 1910～1914 年的 188.6 公斤，提高到 1935～1939 年的 242.1 公斤，但其年均消费量，却从 1910～1914 年的 133.7 公斤，不断下降至 1935～1939 年的 91.7 公斤。食粮不够的部分则以杂粮，主要是番薯来代替。1936 年，台湾人米的消耗量减少 23%，番薯消耗量增加 34%。

台米输日加速了台湾稻米生产的商品化程度，并追随日本本地产米的价格，呈现价格上升趋势，从事稻米生产的地主和农民因而从中获利。米作的发展对糖业资本造成双重压力：一是部分蔗农鉴于米作的收益较高，转而种植稻米，糖业所需的原料供给受到影响；另一方面，米价的上扬，对向米价看齐的甘蔗价格造成上涨压力，糖业资本的剩余价值剥削机制受到影响。这即形成日据时期所谓的"米糖相克"问题。在这一问题背后，是糖业领域的日人资本和稻米生产领域本土资本之间的矛盾，以及民族冲突之下农民与资本家间的矛盾。而这一问题产生的最直接原因，则是工业化、都市化之下，日本国内不断增长的对殖民地台湾廉价米、糖资源的双重需求。

1925 年以前，台湾经济虽有所发展，但农民的生活水平却很少改善。1925 年以后，得益于稻米的增产和出口增加，台湾稻作农民生活水平有所提高。但米糖相克问题发生后，为了保护日本糖业资本家的利益，殖民政府不惜采取压制米作的方式。殖民政府曾在嘉南大圳灌溉区域采取强制轮作制度，以保证蔗田面积。1936 年，日本政府又通过《米谷自治法管理案》，要求日本、朝鲜、台湾都减产稻谷。即便太平洋战争爆发后，对稻米需求上升，米糖相克已不再是问题，殖民政府依然实行越来越严格的米专卖政策，不仅对米的出口进行严格管控，更对米作领域的本地资本进行压制。殖民政府的民族压迫政策呈现在资本间的斗争中。

日据时期的贸易和两岸关系

日据时期台湾最主要的贸易对象是日本，在占领台湾不久，总督府就以各种策略将欧美资本赶出台湾，并通过改革度量衡、货币，以及提高关税等方式，削弱台湾与大陆之间的经济联系。日据时期台湾主要出口物品为米、糖，均以满足日本国内需求为首要目标，因此大量运往日本。主要进口物品包括化肥、纺织品等工业品，进口贸易的主要对象也是日本。以化肥为例，由于甘蔗、蓬莱米的生产都非常依赖化肥的施用，特别是蓬莱米在不施用化肥的情况下，其产量甚至不如在来米。日据时期台湾农民逐渐养成施用化肥的习惯，1930 年代每年施用的化肥都在 30 万吨以上，而这些化肥几乎都是从日本进口。由于化肥等工业品相对昂贵，台湾与日本间的贸易长期维持出超，台湾经济发展的成果均被日本攫取，殖民政府"工业日本、农业台湾"的经济发展策略，使日据时期台湾经济呈现典型的殖民地畸形经济形态。

日据时期，殖民政府严密管控台湾与大陆之间的联系。经过日据初期的经济基础工程建设，殖民政府将台湾与中国大陆经济体系切割开，再将其纳入日本经济体系。不过虽然大陆不再是台湾的主要贸易对象，两岸间仍然有一定的经济往来。日据时期，台湾出口大陆的主要商品为农产品，从大陆进口的主要商品则是木材、纸、布帛、烟草等。日本侵占中国东北以后，由于台湾与日本占领区间也免除关税壁垒，台湾与东北等地的贸易趋于繁盛，在东北，台湾茶甚至取代了大陆产茶。日本还将台湾作为贸易中转站，通过台湾将日货输往大陆。日据时期，台湾的银行资本也在殖民政府主导下，往华南渗透。日据时期台湾人民不能自由往来大陆，但仍然有不少心系祖国的台人，克服困难前往大陆。在台湾民族运动勃兴时，大陆也有不少台湾青年学生发起成立的组织，如北京的台湾学生组织的"北京台湾青年会"，曾邀请蔡元培、胡适和梁启超为荣誉会员；蔡惠如、彭华英组织的"上海台湾青年会"；谢雪红、蔡孝乾、张深切等组织的"台湾自治协会"；张深切发起成立、曾有部分黄埔军校学生加入的"广东台湾革命青年团"等。抗日战争爆发后，有不少台籍同胞前来大陆，参加抗日斗争，当时大陆有李友邦领导的台湾独立革命党、谢南光领导的台湾民族革命总同盟、陈友钦领导的台湾青年革命党、柯台山领导的台湾国民革命党、张邦杰领导的台湾革命党等各种台籍同胞革命团体。在中国共产党领导的延安地区，也有台籍同胞跋山涉水而来，与大陆人民并肩作战。国、共两党都曾派人潜入台湾，发动台湾同胞参加革命，不过因日本军警管控严密，其活动非常艰难。1936年，林献堂到上海旅游，自称"归回祖国"，回台湾后，在台中公园园游会场被日本人卖间善兵卫打耳光。"祖国事件"不仅说明日本殖民者对台湾人民爱国心理的戒惧，更说明大多数台湾同胞在日本殖民统治下，依然"身在曹营心在汉"。

殖民地教育

日据时期台湾的教育分社会教育和学校教育。社会教育主要被总督府用来推动日语的学习，如1910年代中期以后总督府开展"国语普及"运动，各市、街、庄设立"国语讲习所"，作为日语的教学机构。学校教育则分为初等教育、中等教育和高等教育，殖民政府在台湾推行日、台人的差别教育政策。初等教育方面，设有公学校供台人子弟学习，在台日人儿童则在按照日本国内体制设立的小学校学习，另设有番人公学校，供少数民族子弟学习。初等教育以日语教育为主。1922年为实行同化主义，新《台湾教育令》颁布，初等教育实行日台学生共学制，但进入小学校的台湾学生很少。1941年，总督府取消公学校、小学校的区别，一律改称国民学校，但在课程内容方面，仍对台、日学生实行差别教育，原小学校学生使用第一号表，原公学校和番人公学校的学生则使用第二、三号表。中等教育原主要为在台日人学生升学而设，1913 年，林献堂等台人精英为了让台籍子弟有学可上，发起成立私立台中中学。总督府并不同意台人兴办中学，于是被迫接办，成为公立台中中学。相较于公立中学校，总督府更鼓励台人进入职业学校，日据时期的中等教育始终偏重初级技术人员的培养。1920 年，总督府设立三年制的工业、商业和农林学校，同时在公学校附设修业两年的公立简易实业学校，以便为殖民经济的发展提供技术及半技术劳工。高等教育方面，日据前期，殖民政府都将重心放在公学校的发展上，尽量防止台湾人接受高等教育，只希望台人子弟在接受一定的日语等方面的学习后，或务农、或经商、或成为工厂的半技术工人。只有少数极为优秀的台人子弟考入国语学校师范部或医学校，教师和医师因此成为台人实现社会阶层上升的主要管道。除国语学校师范部和医学校外，日据时期的高等教育还包括台北帝国大学和农林、商业、工业等专门学校。总督府的高等教育同样偏重专门技术人才的培养，综合性高素质人才的培养极少，以免触动其在台殖民统治。

　　由于总督府的日台差别教育策略以及岛内高等教育资源的贫乏，不少台湾人前往日本、中国大陆和欧美等地留学。据统计，日据时期，留学的大专毕业生约 6 万余人，超过岛内高等教育机构培养人数的 6 倍以上。1940 年代以后，留学返台的知识分子逐渐取代受台湾殖民教育的社会精英，成为台湾社会领导阶层的主体。他们当中以学习医、法、商及经济学科为主，其中医学与法学又分别占 41.6% 和 27.6%，从而造成了后来台湾社会中，医师与律师占据上层的状况。

七 日据时期台湾人民的
抗日斗争

1895 年 11 月，"台湾民主国"虽告瓦解，桦山资纪宣称"全岛平定"，但台湾人民的武装抗日斗争并未停息，有"抗日三猛"之称的简大狮、柯铁、林少猫，分别在台湾北部、中部和南部，对殖民政府展开一系列武装斗争。随着日本在台湾殖民统治的加强，到 1915 年西来庵事件以后，台湾人民的武装抗日斗争基本画上句号。除了少数民族发动的雾社事件外，此后台湾人民的抗日斗争脱去了武装色彩。由于殖民政府对台湾社会的控制力已极为严密，台湾人民转向反殖民、争民权、争自主权的民族运动，以社会运动的方式，反抗日本殖民政府的政治、经济压迫。

 日据初期台湾人民的
武装抗日斗争

日据初期台湾人民的武装抗日斗争可以 1902 年为界，划分为两个阶段。

　　第一阶段从"台湾民主国"失败后，到 1902 年林少猫殉难，基本上可算做日军占领台湾之初，台湾军民反对日军占领的武装斗争的延续。其斗争的目的也仍然是要歼灭、赶走日本殖民者，恢复清政府在台湾的统治，具有强烈的祖国认同意识。这一时期，日本所占领的只是台湾的大都市，对乡间和山区控制力还较弱，许多义军纷纷转到地下，或以山区为根据地，对日本殖民者发动游击战争。

　　1895 年底，台北的陈秋菊、詹振，金包里的许绍文，北投的杨势，宜兰的林李成、林大北，淡水的简大狮，杨梅的胡嘉猷，三角涌的苏力等义军首领，密谋起事，进攻台北城。他们共推胡嘉猷为首领，计划于 12 月 31 日夜从各路同时发动攻击。当日夜间，宜兰方面义军率先包围宜兰城，并将宜兰城内日军围困一周后才撤围。在宜兰义军发动攻击的同时，金包里方面的义军向当地日本宪兵屯所发动攻击，全歼所内日军，随后转攻基隆，准备攻克基隆后，再与各路义师会师台北，但因中途遇到埋伏，伤亡较大，不得不退入山中。淡水方面的义军和日军交战多日后，也因伤亡过大，不得已退入山中。会师台北城的计划因各方面义军出师不利最终落空，胡嘉猷见形势不好，于是内渡广东原籍。此后简大狮成为台湾北部最为著名的义军领袖，他所率领的义军在金包里堡及大屯山一带，不断给日本占领者以打击。1898 年 5 月 8 日，是殖民政府规定台湾居民可以自由决定去留的最后一天，简大狮会同詹振等义军合攻台北城，以期恢复失地。7

日深夜，义军分别从东南的三张犁和西北的士林方向，同时向台北城发起攻击，与日军激战至 8 日晨，义军伤亡惨重，著名的义军首领詹振也中弹牺牲，简大狮不得不率领义军退回山中。

在台北抗日义军纷起的同时，中南部的抗日活动也是此起彼伏。1896 年 5 月，中部的简义、柯铁等各路义军，以大坪顶山（又称铁国山）为根据地，奉简义为首领，立铁国旗，改元天运元年，并向全台发出抗日檄文。该年冬天，殖民当局见军事镇压奏效甚微，义军发展迅速，于是采用怀柔手段，派辜显荣担任说客，对义军进行招抚，简义动摇投敌，铁国山义军于是改奉柯铁为首领。台南抗日义军则以曾任黑旗军管带的林少猫为首，在凤山、阿猴一带不断袭击日军，给日军造成很大伤亡和困扰。

简大狮、柯铁、林少猫三人分别在台湾北部、中部和南部领导的抗日斗争，使日军疲于奔命。恼羞成怒的殖民统治者为求歼灭抗日武装，甚至残忍地实行焦土政策，台湾人民被屠杀者难以计数。1896 年 6 月，由于柯铁等在大坪顶山竖起战旗，殖民政府认为云林地方无"良民"，于是不问青红皂白，大肆杀戮，6000无辜百姓丧生在日军屠刀之下，史称"云林大屠杀"。日军的镇压和滥杀无辜，更激起台湾人民的反抗，更多当地居民纷纷加入抗日义军。

为镇压抗日武装，乃木希典任总督时，曾实行"三段警备制"，但是效果不彰，往往军队赶到时，抗日义军已逃开。到 1898 年儿玉总督上任后，民政长官后藤新平决定改变过去一味武力镇压的方法，一方面尽可能分化、安抚台湾士绅，举办"飨老典"、"扬文会"，设保良局，将台湾地方有力人士纳入殖民统治体系，使殖民政权得到部分台湾本土人士的支持。另一方面强化警察制度，恢复保甲制度，加强对台湾社会的控制。在进行相关基础工作的同时，针对抗日武装，则实行招抚和镇压两手并用的策略。1898 年 11 月，台湾总督府根据《六三法》，颁布《匪徒刑罚令》。该法令强化警察和宪兵的权力，并加重对所谓"土匪"、"匪徒"，也就是抗日民众的刑责。该法令共有 7 条，规定不管"匪徒"是主谋者、教唆者或指挥者，一律处以死刑，而且该法令的效力，可追溯至此令颁布前。在后藤上任并严格推行该法令的头 5 年，依此法令被处死刑的抗日民众高达 3.2 万人，超过台湾人口的1%。在加重对抗日分子刑罚的同时，总督府还制定了《匪徒招降策》，规定对于投降的"匪徒"，举行"归顺"仪式，免除其刑责，并提供"更生基金"，从而诱使抗日民众归顺殖民政府。但总督府有时也会利用"归顺"仪式，集体屠杀抗日分子。在《日本殖民地政策一斑》一书中，后藤新平自承曾诱杀抗日分子达 1.6万人。

在日本人的软硬兼施下，加上抗日既久，形势更为不利，许多义军不得不弃械"归顺"。迫于形势的压力，为了保存有生力量，北部的简大狮也宣布"归顺"日人，但他没有缴械。不久，因日本人不讲信用，简大狮重又上山，继续开展抗日斗争，并击毙前来劝降的日本人。恼怒的日军以军警混编为十四路进山围剿，简大狮在台湾无法立足，于是潜回漳州。日本殖民者得知这一消息后，胁迫清廷围剿。简大狮没有被日军捕拿，却由清政府抓获，并被"引渡"给殖民政府，最后在受尽酷刑后，被日本人绞杀。

中部柯铁率领的义军在经历多年艰苦斗争后，形势也极为不利，义军伤亡很大，人数已大大减少。当后藤新平允诺可以"画界""自主言和"时，义军内部议和派渐渐占了上风。柯铁于是向殖民当局提出议和条件"十条"，要求云林、斗六及其附近，另设一治民局，由台湾人主理；日军退出大坪顶山，将大坪顶山交给柯铁；保留军队，并收取"九一税金"，作为兵费等。根据这"十条"，柯铁不但可以拥有军队，收税以充兵费，而且与日人划界而治，设由中国人主理的治民局。这样苛刻的条件，日人原不太可能答应，但当时儿玉、后藤政府急于稳定台湾局势，因此作为权宜之计，在1899年1月20日，接受柯铁所提出的上述条件。不久，殖民政府"祸心渐露，铁复集众以拒"，但由于长期以来生活在极端艰苦的条件下，柯铁积劳成疾，1900年2月9日，柯铁逝于大坪顶山间一岩窟中，年仅26岁。柯铁死后，大坪顶山被日军占据。

战斗在高屏一带的林少猫原本不为招抚政策所动，日人恩威并用，请高屏绅商出面斡旋。林少猫于是和柯铁一样，也提出极为苛刻的十项条件为难日人，如划后壁林（今高雄林园、小港一带）一地为义军自治区，官吏不得擅入，外出时可携武器，族党系狱者免罪释回等，日人都一一答应，并在"归顺式"时将准许书交给林少猫。但这对日人来说，可谓一大耻辱。而且林少猫在后壁林三年，开垦经营，隐然成为国中之国，日人更如芒刺在背。1902年，总督府下令调集大军，在重炮及舰艇的掩护下，激战六七小时，终于攻破林少猫堡垒。林少猫在掩护妇幼逃亡途中，死于日人枪弹之下，时年34岁。林少猫之死为日本据台初期台湾人民的武装抗日斗争画下了一个句号。

1902年以后，台湾局势逐渐平静，游击武装多被瓦解。日本在台湾推行警察政治，对台湾人民的控制日益严密，有组织、成规模的反抗较难形成。但殖民政府在台湾推行的各项经济政策，为日人资本进入台湾大开方便之门，往往侵害台湾人民的利益，使台湾人民在经济上遭到压榨。为反抗日本殖民统治者的剥削与高压，加上大陆辛亥革命的影响，台湾人民又掀起了一轮反抗日本殖民统治的高潮。在此阶段，台湾人民多借宗教与帮会进行秘密抗日活动，以期武装起义，但因各方面都处于敌强我弱的情势下，最后都不免因受到殖民政府的残暴镇压而归于失败。这一时期的抗日活动包括：1907年蔡清琳领导隘勇与少数民族发动的北埔事件，1912年刘干率领革命党与农民武装反对总督府支持日本财阀霸占竹林所有权的林杞埔事件（又称竹林事件），受大陆辛亥革命影响而发起的苗栗事件，西来庵事件等。这些抗日事件也显示在日本殖民统治近20年后，台湾人民仍然心向祖国。如苗栗事件的发生，受到大陆辛亥革命的影响，事件的中心人物是中国同盟会会员罗福星，他从祖国大陆返回台湾后，在苗栗、台北等地秘密发展革命组织，号召"驱逐日人"、"光复台湾"，响应者不少。罗福星原计划发动武装起义，可惜被日本警察发现，参与者纷纷被捕。1914 年 3 月，罗福星及 6 名参与者被杀害。1915 年发生的西来庵事件，同样以恢复台湾为号召。当时余清芳、罗俊、江定等人以台南西来庵为据点，利用宗教信仰，鼓吹抗日，并打出"大明慈悲国"的旗号，吸引了不少农民参加。但是起义的企图被日方发现，余清芳等人不得不仓促起事，率众攻击甲仙埔支厅的几个警察派出所，杀死日本官吏数十人，后又围攻噍吧哖市街，被日本警察和军队打败。余清芳等人被捕，殖民政府共逮捕了 1400 余名事件参与者，其中 866 人被判处死刑。由于日本国内舆论哗然，最后真正服刑者为 95 人。

 ## 雾社事件和台湾少数
民族的抗日斗争

　　日本占领台湾时，台湾约有 3.5 万名"熟番"已被汉化或半汉化，但还有 12 万 ~ 13 万少数民族居住在山区。由于这些山区蕴含樟脑、矿藏等丰富资源，而少数民族部落有猎首的习俗，为开发山地资源，日本殖民者效仿美国白人侵占美洲印第安人土地的做法，以"文明人"对"野蛮人"的姿态，征讨山地少数民族，并侵占他们的土地。殖民政府继承了清代的隘勇制，建立隘寮，设立隘勇线，但与清政府主要为了防止汉人进山不同，日本殖民者的目的是将少数民族封锁在山上，不得下山。第五任总督佐久间左马太上任后，曾先后两次展开"理番"五年计划，试图以武力讨伐使少数民族彻底臣服归顺。第一次讨伐从1907年起，以软硬兼施、威胁利诱的方法，侵占少数民族的土地，引起少数民族的抗拒和汉人的公愤，于是引发蔡清琳领导的少数民族和汉人联合抗日事件。而后进行第二次五年"理番"计划，军警联合对少数民族进行武力讨伐，并掠夺他们的土地。当时最大的军事行动是对太鲁阁泰雅族的讨伐，总督亲自披挂上阵，动员兵力1.1万多人，配备205挺机关枪和59门大炮，战况极为惨烈，伤亡无数。1915年，安东真美出任总督后，理番政策由镇压改为"抚育"，废止佐久间统治时期设立的番务本署，在警察本署内设立理番课，将番务官吏驻在所改为警察官吏驻在所；改善并设立适合少数民族的教育及医疗设施，鼓励少数民族发展合适的产业，安排少数民族头领"都市观光"，以对其进行同化。正当总督府对其山地建设成果颇为满意，认为少数民族已经臣服于其德化教育之时，台湾却爆发了少数民族的武装抗日斗争——雾社事件，给殖民政府以沉重打击。

雾社位于台湾中部的南投县，靠近著名的日月潭，因这里长年云雾缭绕而得名，该地住有赛德克族人的11社。由于日本山地警察对少数民族积年累月的压迫剥削，强制劳役、迟发工钱，以及诱奸山地妇女后再把其遗弃等，1930 年 10 月 27 日，借殖民政府为纪念北白川宫能久亲王而举行台湾神社祭的机会，玛黑步社首领莫那鲁道率领山胞 300 余人，分别袭击附近的警察分驻所 13 处，同时进袭雾社警察分室、学校、邮政局、日本人官舍等。砍杀了各地警察及雾社公学校举行秋季运动会的日本人，替同胞泄愤。起义爆发后，总督府出动 5000 多人于 31 日开抵雾社，并用山炮轰击抗日的少数民族。抗日队伍不得不退至山谷，筑起工事，誓死抗击。日军久攻不下，于 11 月 18 日出动飞机对当地少数民族施放国际上禁用的毒气弹，大部分起事者死于敌人的毒气之中，雾社事件最终失败。经此事件，雾社参加起事的 6 部落人口由原来的 1400 人减至 500 人。次年 4 月，怀恨在心的日本殖民者唆使其他部落对住在收留所里的抗日遗族进行猎首活动，约 200 人在报复行动中被杀害，幸存的 300 名族人，被迁居到其他地方。为反抗日人的暴虐统治，参与起事的 6 个赛德克族人部落作出了巨大牺牲。

 日据时期台湾社会运动的开展

第一次世界大战以后，世界政治格局发生很大变化，俄国爆发十月革命并成立第一个共产主义政权，巴黎和会上美国总统威尔逊倡导民族自决思想等，促使各国民族运动此起彼兴。中国大陆爆发五四运动，中国革命进入新民主主义时代；日本则政党政治兴起，1918 年原敬组织第一个政党内阁，日本进入大正民主时代。受世界范围内民族民主运动的影响，台湾的知识分子也展开了一系列反殖民、争民权、争自主权的民族运动，从要求消除差别待遇的撤废六三法运动，到要求民主自治的议会设置请愿运动、地方自治运动，以及左派兴起后的反殖民、反剥削的农工运动，等等；并先后成立了新民会、台湾文化协会、台湾民众党、台湾地方自治同盟、农民组合、台湾工友联盟、台湾共产党等组织，领导台湾人民以社会运动的方式，反抗日本殖民政府的民族压迫。

（1）撤废《六三法》运动与启发会、新民会等相关团体的成立

日据时期台湾的政治运动最早可追溯至同化会。同化会是由日本人板垣退助倡导发起的，其主要目的是让台湾人同化于日本人，并使台湾成为日中"亲善"的桥梁，推动日中合作，实现以日本为本位的亚洲民族"大团结"，进而谋求日本势力的南进扩张。尽管板垣退助的倡议是以日本的利益为出发点，但他呼吁日、台平等，在台日本人应善待台湾人，对饱受殖民政府高压统治、差别待遇的台湾人民来说，仍有相当大的吸引力。1914年12月，以日、台人平等为主要诉求的同化会成立，林献堂等不少台湾精英参加。同化会得到日本国内政要、名人的支持，曾发展为全岛性的社团，拥有会员3000多人。但在台日人并不认同，总督府更对该会的影响力多有忌惮，同化会成立的次年，总督府即以"妨害公安"为由，令其解散。

同化会虽然被解散了，但该会开创了日据时期台

湾人民参与政治运动的先河。不少参与该会的台湾人成为后来台湾民族运动的领导和骨干，其中最为著名者为林献堂。林献堂（1881 年 10 月 22 日～1956 年 9 月 8 日），名朝琛，号灌园，出自台中望族雾峰林家，父亲林文钦为清末举人。林献堂 7 岁开始接受汉学教育，19 岁接掌家族事业，之后曾被殖民政府任命为雾峰参事、区长，1905 年被授予绅章，并出任台湾制麻株式会社取缔役（相当于董事），属于被日本殖民政府着力拉拢的台湾精英。1907 年，林献堂游历日本时结识梁启超，并受到梁启超渐进式改革思路的影响，主张采取柔性温和的改革路线，以争取台湾人民的权益。1918 年，受同化会同化主义路线的影响，林献堂在东京与留日台湾学生筹组"《六三法》撤废期成同盟会"，推动废除《六三法》，取消特别立法制度，将台湾纳入日本帝国宪法体制。1919 年底，林献堂和蔡惠如等在东京号召留日学生成立"启发会"，该会以撤废《六三法》为主要目标，开启了留学生之间的启蒙运动。由于启发会组织不完善，加上经费短绌，不久便告停滞。东京留学生在蔡惠如的推动下，于 1920 年 1 月 11 日成立"新民会"，会员 100 多人，推举林献堂为会长。该会发行刊物《台湾青年》，这是台湾政治运动的第一份刊物。《台湾青年》于 1922 年 4 月更名为《台湾》，1924 年 6 月停止发行。新民会在东京的活动持续至 1930 年，之后渐趋沉寂。

新民会刚成立时继续推动《六三法》撤废运动，1920 年 11 月 28 日，林献堂、蔡培火、郑松筠等新民会会员曾在东京富士见町教会召开反对《六三法》的集会。但撤废《六三法》运动遭到新民会核心人物之一林呈禄的反对，林呈禄认为废除《六三法》，使台湾与日本内地实施相同的法律，会否定台湾的特殊性，导致台湾人民丧失民族性，完全被同化为日本人，因此主张台湾人反抗的重点不在于撤废《六三法》，而是设立"台湾议会"，从而制定适合台湾民情的法律。这种自治主义的议会路线得到东京留学生的支持，也与林献堂的理念相契合。从1921年开始，台湾知识精英推动的民族运动由否定台湾特殊性的废除《六三法》运动，转向凸显台湾特殊地位的台湾议会设置请愿运动。

（2）台湾议会设置请愿运动与台湾文化协会

1921年1月30日，林献堂与一批台湾留日学生向日本帝国议会正式提交"台湾议会设置请愿书"，要求设立拥有特别立法权和预算审议权的民选台湾议会，这是第一次台湾议会设置请愿运动。这次请愿虽遭到"不采择"的回应结果，但消息传回台湾，对台湾知识分子产生极大的鼓舞。推行内地延长主义政策的台湾总督田健治郎为安抚台湾精英，颁布《台湾总督府评议会官制》，遴聘辜显荣、林献堂等台湾精英出任评议会员，试图以此平息台湾人的抗争。

但台湾议会设置请愿运动并未就此缓和。1921年10月17日，在蒋渭水等人的奔走下，台湾文化协会成立。蒋渭水（1891年2月8日～1931年8月5日），字雪谷，台湾宜兰人，医师身份。小时接受私塾汉文教育，17岁就读宜兰公学校，后考入台湾总督府医学校（现台湾大学医学院）。在医学校就读期间加入中国同盟会。台湾文化协会是台湾岛内第一个台湾知识精英结成的社团，由林献堂出任会长，创立时会员多达1000多人。台湾文化协会以推行民族文化的启蒙运动为目标，目的在于唤起台湾人对异族统治下政治压迫、经济剥削、文化消灭的民族自觉，团结一致，最终脱离日本的殖民统治。台湾文化协会在东京创办《台湾民报》，并于1927年8月1日起迁入台湾发行，1930年3月更名为《台湾新民报》，这是当时唯一一份台湾人自办的报纸，在传播资讯、启迪民智方面发挥了重要作用。1937年卢沟桥事变后，《台湾新民报》停止印发中文版，1944年3月，被迫更名为《兴南新闻》。除发行报纸外，台湾文化协会还在大的市镇设立读报社，备有台湾、大陆以及日本的新闻杂志，供人阅览；并开设文化书局，引进各种中、日书籍，以使台湾人得到更多的信息。台湾文化协会还以演讲、讲习会、电影巡回放映、社区文化活动等形式，借机向台湾人民宣传反殖民统治，要求民主自由、民族自决的政治理念。

台湾文化协会成立后，积极在岛内推动议会设置请愿运动。1922年2月，台湾请愿团再次出现东京街头，展开第二次请愿游行。总督府对于林献堂等人推动议会设置请愿运动非常不满，在第二次请愿运动之后，不断向林献堂等人施压。林献堂迫于总督府的压力，加上家族事业受到经济危机的影响，不得不声明退出台湾议会设置请愿运动，并且主张台湾文化协会应以从事文化启蒙为主，不要涉入政治活动，以免引起总督府的干涉与镇压。

林献堂退出请愿运动，引起台湾知识分子及东京台湾留学生的不满，林献堂的声望一时受挫。林献堂退出后，蒋渭水认为应该成立一个专门机构，长期推动台湾议会设置请愿运动，于是与石焕长、蔡培火等人筹组"台湾议会期成同盟会"，作为推动议会设置请愿运动的常设机构，但被总督府以危害社会公安为名，下令禁止。1923 年 2 月，蒋渭水、蔡培火、陈逢源等前往东京，展开第三次请愿宣传活动。当时在千叶县学习飞行的台湾第一位飞行员谢文达驾驶飞机从东京上空投下请愿宣传单，引起了日本媒体的注意。在台湾被禁止成立的"台湾议会期成同盟会"，也获准在东京成立。

蒋渭水等人返台后，利用文化协会演讲活动，积极招揽听众加入台湾议会期成同盟会。台湾总督府为压制文化协会的影响力，鼓动亲日台人士绅于 1923 年 11 月组织成立公益会，以辜显荣为会长，林熊徵为副会长。该会以《台湾日日新报》为宣传媒介，反对台湾文化协会和台湾议会设置请愿运动，肯定日本人在台治绩，主张"内台"合作，但收效不大。1923 年 12 月 16 日，台湾总督府以违反《治安警察法》为名，展开全岛大逮捕，包括蒋渭水、王敏川、蔡式谷、石焕长、林幼春、蔡惠如、赖和、蔡培火、陈逢源等主要请愿运动骨干在内的 41 人，均被逮捕。林呈禄、郑松筠等人在东京，虽未被逮捕，但也遭到起诉。次年，蒋渭水等 13 人被判刑入狱。这就是所谓的"治警事件"，是 1920 年代台湾政治社会运动重要的里程碑之一。经此事件，台湾人民的士气不仅未被打击，反而更激起同仇敌忾之心。

"治警事件"使蒋渭水等主要骨干涉案入狱，林献堂再次挺身而出，继续领导请愿活动。1925 年 1 月 30 日，林献堂、杨肇嘉、丘德金、叶荣钟等 4 人为请愿委员，到东京展开第四次请愿。同年 7 月，又提出第五次请愿。总督府为了反制，动员公益会辜显荣等人于 6 月召开"全岛有力者大会"，发表宣言，表示反对台湾议会设置请愿运动，认为这只是一小部分不满台湾现状的人的妄为空想。台湾文化协会在林献堂等人领导下，则举行"全岛无力者大会"展开回击，公益会诸人被指为御用士绅，"有力者大会"遭受重击，草草收场。

从 1925 年起，台湾文化协会又组织了三次议会设置请愿运动，虽然依旧遭到拒绝，但签署人数持续增加，1926～1927 年达到高峰。1926 年，台湾文化协会内部因意见不同，分裂成三派：一派以林献堂为中心，由地主、资产阶级组成，主张温和合法的民主运动；一派是蒋渭水派，由小资产阶级构成，主张联合工农，推进全民运动；一派是王敏川、连温卿派，属激进的左派、社会主义者，主张工农无产阶级与民族解放结合的"一次革命"。1927 年 1 月，台湾文化协会在台中召开临时大会，与会代表中左派占多数，使连派在中央委员选举中获大多数席次。1930 年 10 月，林献堂、蔡培火、蒋渭水等温和派纷纷退出文化协会，文化协会转而成为主张阶级斗争的团体，成为台湾共产党的外围组织。但激进的新文化协会很快遭到台湾总督府的镇压，1930 年后停止活动。

1928 年 4 月，台湾议会请愿代表在东京展开第九次请愿，遭到左派台湾留日学生的抵制和阻挠，请愿运动被批评为"哀愿叩头式的请愿方式"，不可能达成解放台湾的目的。台湾议会设置请愿运动自此衰落。

（3）台湾民众党

台湾文化协会走向分裂后，1927 年 7 月，蒋渭水、林献堂等在台中召开大会，成立台湾民众党。这是台湾正式诞生的第一个现代政党。在此之前，蒋渭水等曾以台湾自治会、台湾革新会、台湾民党等多个组织名称，向总督府申请备案，均因涉及自治、民族主义等敏感问题，未获批准。最后不得不避谈民族主义，总督府以其主张的议会路线，符合日本政府的一贯政策，并可牵制左倾的"新文协"，才予以通过。台湾民众党以仿中华民国国旗的三星旗为党旗，以"确立民本政治、建设合理的经济组织、改废社会之缺陷"为党纲，在政治方面，要求实施地方选举和自治，主张集会、结社、言论、出版自由，废除保甲制度，实现司法公正；经济方面，主张消除日本资本对台湾经济的掌控，发展民族资本，提高农工阶级生活，取消鸦片专卖；社会方面，提出破除社会陋习，实现男女平等。

台湾民众党成立时，内部就存在蔡培火的"议会路线"和蒋渭水的"民族主义路线"的分歧。蔡培火、林献堂等人的议会路线，受到梁启超和日本民主运动的影响，延续台湾议会设置请愿运动的传统，强调以合法的渐进方式，进行政治改革，以建立台湾议会、促成台湾自治为目标。蒋渭水则受到孙中山和当时中国国民党"联俄、容共、扶持农工"政策的影响，强调应联合社会各阶层，特别是农工阶级的力量，进行民族运动。尽管民众党成立时，为了获得总督府批准，避谈民族主义路线，但民众党成立后，蒋渭水积极推动农工运动，特别是"新文协"受总督府压制后，蒋渭水成为台湾劳工运动的重要领导人，在蒋渭水的指导下，台湾劳工运动蓬勃发展。蒋渭水的"左倾路线"，使党内路线冲突逐渐浮上水面。1928年7月，民众党第二届党员大会上，蒋渭水取得领导权，右派人士林献堂、蔡培火等纷纷退出党内决策核心。1929年，台湾农民组合遭总督府大搜捕，"新文协"也被波及，趋于沉寂，蒋渭水积极吸收左翼人士加入民众党，并着手修改党纲。1929年10月17日，民众党召开第三届党员大会，蒋渭水提出了"以农工阶级作为全民运动的中心，来进行民族运动与阶级斗争"的主张。民众党越来越明显的左倾，使党内右派无法容忍，1930年8月，林献堂等右派人士脱离民众党，另组台湾地方自治同盟。

日益左倾的民众党，更是殖民政府的眼中钉。1931年2月18日，民众党召开第四届党员大会，以压倒性的票数通过党纲修正案。这时在会场外监视的台北警察署署长得知党纲通过后，立即率警察进场，以民众党违反法令，宣布政党解散处分。蒋渭水等16名干部被逮捕，台湾民众党被解散。事后，蒋渭水等干部发表联合声明，指出："台湾民众党虽死，但台湾人依然存在，只要专制政治存在一天，解放运动也依然存在一天。"同年8月5日，有"台湾的孙中山"之称的蒋渭水因伤寒症病逝。

（4）农工运动与台湾共产党

先后成立的台湾文化协会和台湾民众党，其左派均重视民族运动和农工运动的结合，因而利用巡回演讲等多种形式，向农工阶层传播知识，启发民智，发动他们为争取自身权益而斗争。在台湾文化协会和台湾民众党的推动下，1920年代，台湾农民运动和劳工运动也蓬勃兴起。

日据时期台湾农民运动的主体是蔗农，这和日据时期台湾糖业资本主义化，糖业资本独占糖业利润、过度剥削蔗农有关。1925年6月，彰化二林地区蔗农在当地知识分子李应章等人的推动下，成立了二林蔗农组合。同年10月，二林蔗农组合与林本源制糖株式会社交涉，提出更改甘蔗定价机制、肥料由农民自购等5项条件，要求会社答应后才能进行甘蔗收割。但会社态度强硬，在警力保护下强行收割，造成蔗农与会社的争执，并在混乱中冲突涉及警察。次日，北斗郡警察即逮捕蔗农组合干部李应章等人，引发了二林蔗农事件。同年11月，简吉、黄石顺等人在凤山成立凤山佃农组合，领导当地蔗农抗议高雄新兴制糖株式会社收回大寮庄土地。当时各地还有多起针对殖民政府和资本家的农民抗争事件，如为反对殖民当局将官有土地放领给退休的日籍官吏，在台湾文化协会左派人士领导下，台湾农民展开的"官有地拂下"运动。

二林蔗农事件发生后，引起外界很大关注，并促成了全岛性农民组合的诞生。1926年，日本劳动总同盟派麻生久、布施辰治两位律师来台，为二林事件辩护，他们在简吉、赵港等人的陪同下，遍访全岛各地，举办农民演讲会。1926年6月28日，在简吉、赵港、黄石顺等人的倡议下，各地农民组合干部齐集凤山，成立了全岛性的台湾农民组合，年仅23岁的简吉出任委员长。台湾农民组合成立后发展迅速，到1928年底，已拥有会员2万余名。1927～1928年期间，农民组合指导下的农民抗争事件，多达420余起。

1927年以后，台湾农民组合先后由新文协和台湾共产党主导，其主张和抗议形式都逐渐左倾和更具革命性。1928年12月28日召开的台湾农民组合第二次全岛大会，更提出拥护苏维埃、打倒国际帝国主义的口号。台湾的农民运动对日人资本主导的台湾糖业资本以及其背后的殖民政府造成很大冲击，台湾农民组合的日益壮大和左倾，更对殖民政府的统治形成威胁，台湾总督府再也无法容忍其存在，必欲除之而后快。1929年2月12日，日本警察以违反《治安维持法》为由，对全岛各地农民组合本部、支部及干部住宅，同步展开大搜索及逮捕行动，史称"二一二大检举"。农民组合重要干部简吉、杨春松、陈德兴、侯朝宗、陈昆仑、黄信国等人都被判刑入狱。"二一二"事件后，本来就受到诸多限制的台湾农民组合成了非法组织，各地支部陷于停顿，部分干部只好转而进行地下抗争。

日据时期台湾工人不仅受到资本家的剥削，还遭遇民族歧视，其平均工资不及日籍工人的一半。1919年，台北印刷工人成立台北印刷从业员组合，这是台湾最早具有近代工会性质的劳工组织。在文化协会和台湾民众党的指导下，1920年代台湾劳工运动也逐渐兴盛，在1921至1931年间，台湾共发生劳资争议500余起，卷入人数3.6万余人，其中矛头指向日本资本家的占60%以上。1927年4月，新文协领导人连温卿、王敏川等人参与组建了台湾机械工友会，并指导发起高雄铁工所罢工以及其他工人抗争事件。由于新文协很快遭到殖民政府的压制，劳工运动的领导权逐渐转移到台湾民众党手中。台湾民众党指导下的劳工运动更具组织性和斗争能力，规模和影响力也较大。1928年2月，台湾民众党在台北指导成立台湾工友总联盟，以统一全岛工人运动、为工人谋福利和改善店员生活为宗旨。工友总联盟成立后组织发展迅速，一年后加盟团体达41个，人数达1万多人。工友总联盟积极介入劳资纠纷，逐渐成为劳工运动的核心组织，在其主导下的劳工运动有：高雄浅野水泥会社罢工事件、台湾制盐株式会社罢工事件等。1920年代末，台湾工友总联盟受到社会主义思潮和台湾共产党的影响，日趋左倾，主张阶级斗争和谋求无产阶级的彻底解放，引起殖民政府的高度警觉和弹压。1931年，台湾民众党被禁，工友总联盟也随之走向衰落。

在农民阶级和工人阶级纷纷走上街头，抗议殖民政府和资本家的压迫、剥削时，1928 年 4 月 15 日，代表农民和工人阶级利益的台湾共产党在上海举行成立大会。台湾共产党当时隶属日本共产党，正式名称为"日本共产党台湾民族支部"。台湾共产党强调台湾的殖民地地位决定了台湾革命的主要对象是日本殖民者，革命的首要任务是推翻日本帝国主义的统治，台湾革命的性质是民族民主革命。台共中央常委由林木顺、林日高、蔡孝乾三人组成，翁泽生负责在上海与第三国际东方局和中共中央保持联络。台共成立不久，在上海的组织就遭到日本警察破坏。1928 年底，谢雪红、林日高等人回到台湾，通过台湾文化协会和农民组合，在岛内秘密发展组织，影响和领导台湾农工运动，农民组合和新文协先后成为台共的外围组织。台共还通过读书会、茶话会的形式，组织青年农民，学习马克思主义理论知识。苏新、王万德等人则深入矿山、林区，向工人传播马克思主义。共产主义运动是日本帝国主义的禁忌，台共虽然秘密活动，仍为殖民政府所侦知。1931 年，殖民政府镇压左派社会运动，大肆搜捕台共，台共中央被破坏，从此陷入瘫痪状态。

（5）台湾地方自治联盟

1930 年 1 月，杨肇嘉自日本东京返台，积极鼓吹"地方自治改革"。2 月，林献堂等民众党右翼因不满民众党的左倾路线，准备另外筹组政治团体。同年 8 月 17 日，台湾地方自治同盟在台中召开成立大会，以林献堂为顾问，杨肇嘉、蔡式谷等 5 人为常务理事。台湾地方自治同盟以"促进地方自治制度的实施"为单一目标，并容许日本民间人士参加，以淡化民族运动的色彩，希望通过合法手段，争取政治自由和地方自治。地方自治联盟成立后，积极举办"政谈演说会"，动员干部到全岛24个地方巡回演讲，发行宣传小册，以宣扬地方自治的理念，并多次向总督府提交地方自治的请愿书。地方自治联盟的温和改革路线，使其被左翼团体批评为"资本家的结合"、"总督府的御用团体"。正因为采取温和路线，在当时各种社会运动团体中，台湾地方自治联盟是最能被殖民政府接受的一个。1931年，日本军国主义抬头，殖民政府大举镇压台湾的政治、社会团体，台湾民众党、台湾文化协会、台湾共产党、农民组合等组织都被查禁，只有台湾地方自治联盟还能正常运作。

1934年9月2日，林献堂迫于压力，主动宣布终止台湾议会设置请愿运动，总督府为表达对台湾地方士绅的安抚，宣布于次年实施地方自治。1935年4月，总督府公布地方自治的法令，将市会议员和街庄协议会员半数开放民选，另一半仍由殖民政府任命；同时对选举人的资格进行限制，有些地区符合条件的选举人中，日本人超过台湾人。1935年11月22日，台湾举行第一届市会议员和街庄协议员选举，台湾地方自治同盟推荐17名成员参加竞选，结果11人当选。这是日据时期台湾第一次，也是唯一一次地方自治选举，投票率高达95.9%。只是咨询性质的街庄协议员大多由台湾人当选，而拥有议决权的市会议员，仍然是日本人占多数。

　　1937 年 7 月，卢沟桥事变爆发，加上此前的"祖国事件"，地方自治联盟倍感政治压力，于是在 8 月 15 日自动宣布解散。部分民族意识强烈的干部，如蔡培火、杨肇嘉等人，前往大陆参加抗日战争。

　　至此，日据时期台湾最后一个社运团体也已消失。事实上，当左派社会运动在 1931 年被镇压后，台湾人民的反抗之声已极为微弱。在日本军国主义重新抬头，台湾被纳入战时体制后，最后一点微弱的声音也已无法发出，直至光复，台湾人民都被禁锢于殖民统治的牢笼之中，难以发声。

八　日据末期的经济统制政策与皇民化运动

20 世纪 30 年代，日本受世界经济危机的影响，国内军国主义抬头，试图通过对外侵略来摆脱危机。日本首先发动了侵华战争，随后又确定南进政策，发动太平洋战争。在战时体制下，台湾的政治经济地位发生变化，1936 年 9 月，海军预备役大将小林跻造出任台湾第十七任总督，重新开启了武官总督时代，他上任时提出"皇民化、工业化、南进基地化"三项原则，为日据后期殖民政府在台湾的统治定下基调。直至台湾光复前夕，台湾成为日本南进的跳板和战略物资的补给站。为使台湾"基地化"，日本在台湾推行工业化，着力发展军需工业，并在战时对物资、资金，甚至劳力实行严格的统制政策。为确保日本发动对华战争期间台湾这个基地的安全，殖民政府在台湾推行皇民化运动，尽力使台湾人民成为"真正的日本人"。

工业化的推行

1930 年代以前，台湾的经济偏重农业，工业则以农产加工业和食品工业为主，其中制糖工业占极高比重。1931年以后，日本推行所谓"经济再编成"，其主要内容包括农业改造、工业化和统制经济。与日本经济发展进程相配合，台湾也被纳入战时经济体制，开始经济变革，以米、糖为主的经济体系有所修正，殖民政府开始在台湾推行以军需工业为核心的工业化建设，试图使台湾即便在非常时期也能自给自足，成为日本南进的基地。

1931年九一八事变爆发后，到1937年中国抗日战争全面爆发，在日本是所谓备战阶段。在此期间，台湾进行了电力、交通等基础建设，新兴工业也开始发轫。电力是工业之母，没有充足的电力是不可能推动工业化建设的。1919年，台湾总督府成立台湾电化株式会社，并开始着手在日月潭建设水力发电厂，该工程时建时停；1931年九一八事变爆发，日本扶持成立伪满洲国，准备全面侵略中国，日月潭水电工程于是又复工，并于1934年建设完成，可发电10万千瓦。第二年，台湾电力株式会社宣布以1/3到1/5的低廉电费优待新兴工业。从此，水力发电成为台湾电力的主流，解决了先前供电不足的问题，并可以为工业发展提供廉价电力。随后台湾电力事业有了飞跃性发展，各地分别又有大大小小的水力或火力发电厂兴建，到1939年为止，全台总计共有发电厂135座，供电能力约37万千瓦，而当时台湾民间的需求才7万千瓦。以日月潭水力发电为主的电力工业的发展，加上高雄、基隆两港整理建设完成后海运的发展，以及台湾与日本、华南及东南亚之间空中航线的开辟，使台湾的工业建设成为可能。1935 年 5 月，台湾电化株式会社在基隆设厂，生产氰氮化钙。同年，炼铝工厂在高雄港成立。不过台湾工业更大范围的建设还是在我国抗日战争全面爆发以后。

1935 年 10 月，台湾总督府主持召开热带产业调查会，当时正逢日本占领台湾 40 周年，与 10 年前相比，台湾经济和产业已有较大发展。此次调查会的召开，是鉴于台湾的地理位置接近南洋和华南，而台湾本身工业原料有限，如何利用南洋和华南的原料，使台湾的工业范围扩大，以及如何将台湾的贸易扩大到南洋和华南地区，是此次调查会的主要议题，并奠定了此后日本的工业台湾，农业南洋、华南的经济发展路线。1936 年底，小林跻造就任总督，确定了台湾作为南进基地的地位，并提出工业化的要求。1937 年，日本制定"生产力扩充计划"，作为战时最重要的经济政策，该计划以减少进口和自给自足为主要目标，着手建立矿业、金属、化工等重要的基础产业，强化运输能力的造船、车辆工业，以及工业建设发展所需的机械工业等。因应日本政府的生产力扩充计划和台湾基地化的需要，台湾总督府从 1938 年起实施生产力扩充五年计划，配合军需工业，建立起附庸于日本工业的新兴工业。因为政策鼓舞，加上电价优惠，台湾肥料、水泥、铝业、造纸、造船等新兴工业应运而生。1939 年，台湾工业产值首次超过农业，从此台湾由农业社会进入半工半农社会。

太平洋战争爆发后，日本在美国的资金被冻结，贸易中断，精密机械等重要物品进口来源中断，并面临被美国轰炸的危险，日本于是进一步调整了经济发展战略，着力强调经济上的自给自足。1942年，台湾又实施了第二次生产力扩充五年计划，确定台湾军需工业发展的政策，使工业建设更加适应军事需要。在设备投资方面，虽然仍旧尽量利用日本的闲置设备，但也新添了若干新机具，使其能够生产部分精制品及完成品。此后，台湾陆续增建了炼铜、石油炼制、天然气利用和海水利用、电石及其相关工业等。

战时台湾的工业化建设，主要出于政治、军事需要，而非台湾岛内工业化条件成熟的自然结果，所以当时面临很多问题，资金、设备、技术和人才等，都严重依赖日本。资金方面，虽然通过经济统制，制糖会社等台湾重要的资本被动员到蔗渣纸浆业、无水酒精等相关工业，岛内银行、信用组合、邮政储金也都流入工业领域，但工业发展所需资金仍严重不足。1940年代初，台湾工业发展的资金有近70%来自日本。建设资材方面，也几乎全部依赖日本，不少新建设的工厂，其主要机械都是日本闲置的设备。技术和人才方面，由于总督府对台湾人民实行差别教育政策，工业化发展所需的现代人才严重不足，当时很多企业的中上级职位全都由日本人担任，以致产生了日本人"工业移民"台湾的问题，而台湾人多是苦力性质的非熟练工。因为种种局限，台湾的工业化程度始终停留在原料资材的供给，而缺乏真正工业制成品的生产，并存在偏重重工业、轻工业发展凋敝等结构性问题。

经过日据后期的工业化建设，在工业部门内，相对食品工业，新兴的纺织、金属、机械器具、化学等工业，在 1937 年之后，有较明显的成长，特别是蔗渣纸浆工业为主的化学工业，到战争末期的生产额几乎是 1931 年的两倍。以制糖业为主的食品工业虽然不如新兴工业发展迅速，其比重显现出长期下降的趋势，但其在工业总产值中的比重，仍占到一半以上。显示台湾在军需工业化之后，以制糖业为主的工业结构虽然增加了新的内容，但并未发生根本改变。农业方面，在战时体制下，总督府曾增加黄麻、琼麻等特用作物的种植，但以稻米为主要内容的普通作物的产量，始终处于主要地位。在农业内部，旧有的产业结构也未发生根本性变化。总体来说，1930 年代殖民政府为适应日本侵略扩张政策的需要而推行的工业化建设，并未改变台湾以米、糖为主轴的整体经济结构，在日本经济圈内，台湾仍然扮演着农产品和资源提供者的附属角色。

二战末期，台湾遭到美军战机轰炸，军需工业是轰炸的主要对象之一，因此工业化时期建立起来的工厂，在战争末期均损毁严重，到台湾光复前，基本处于停产状态。

 战时经济统制

七七事变以后，1938 年 3 月 31 日日本公布国家总动员法令，同年 5 月，国家总动员法施用于台湾。台湾经济正式进入战时统制阶段，包括糖、米在内的所有农工产品，以及劳动力市场都在严格的战时统制之下。如果说战时军需工业化是一种扩大资源生产力的手段，统制经济则是对于既有资源最大限度的强制征用，为此，日本将台湾人民的日常所需压制到最低限度，以确保军需工业的建设和日本本国的需要。总督府颁布了各种统制法令，将物资、金融、贸易、劳力等，都纳入经济统制范围内。

资金统制方面，日本政府颁布的临时资金调整法于 1937 年 10 月在台施行。按照该法，包括银行、企业、社会资金在内，所有资金的流向均由政府控制，由政府指定资金用途，以确保新兴军需工业对资金的需求。殖民政府除了对资金的用途进行统制，为了替军需工业发展筹集资金，总督府还通过增加税收、发行公债、强制储蓄等方式，累积资金。1931 年九一八事变之后，殖民政府于 1935 年 4 月开始对台湾人民征收"临时所得税"；七七事变之后的 1938 年 3 月，在台湾征收"支那事变特别税"；太平洋战争以后的1943 年 3 月，又增收"台湾大东亚战争特别税"，使得当时台湾人民的税负达到平均每人 34.5 日元，远超过英属殖民地印度每年人均 10 日元的税负水平。殖民政府还在全岛展开强制储蓄，总督府规定了每家公司或工厂、各州厅到市郡街庄的储蓄总额，然后分派到每一个人头，所谓的"爱国"储蓄从 1937 年底的1.1% 到 1940 年 8 月一举扩大到 45.1%，从 1938 年到1941 年，4 年间强制储蓄的数量达到 7 亿日元，其半数用于购买日本国债，半数转为工业建设资金。

物资统制方面，台湾资源原本仅限于农产品，重要工业原料和器材多依赖从日本、英美及华南、南洋输入。战争期间，日本本身需求增加，能够输出的数量有限，加上英美等国输出减少甚至禁运，工业发展因此受到影响。殖民政府于是采取重点配给制度，首先限制民用工业的设立，对既有的民用工业，则以维持人民最低消费为限，减少产量，将重要器材优先配给与军需有关的事业。台湾总督府专门成立企划部，主持物资的统制和配给，包括资金、贸易、劳动、交通、电力以及生产力扩充等，均由该部统筹办理。截至1941年，办理配给和统制的重要物资有：普通钢材、机械、钢铁制品、铁屑、铅、洋纸、火药，以及与民生有关的石炭、青果、鲜鱼、牛乳及乳制品等等。由于钢铁及铜原料等缺乏，总督府还收购民间散置的废铜废铁，规定凡属民生者都应拆卸上缴，并专门设立统制会社负责此事。物资统制将台湾人民的生活物资压制到最低限度，一切以满足日本政府所需的军需工业发展为目标。

不仅生活所需的工业物资被统制，粮食更在经济统制范畴。战时殖民政府对农业生产与粮食流通实行统制。农业生产统制方面，为保证战时日本对粮食的需求，限制台湾耕地变更用途，或者用于耕种油料及纤维作物，并对农地地价、地租、农业工资以及水利等实行统制，对农业生产中会用到的化肥、农具、饲料等农用器材，也采取配给制。鉴于粮食不足，除生产方面设法增产外，又在消费方面厉行节约，提倡代用品，对全岛粮食进行全面管理。1939年制定的十年增产计划以米、甘薯、甘蔗等种植为主，减少经济和园艺作物的种植面积，确保粮食生产的首要地位。消费方面对粮食的收购、配给、储藏、加工、输出、价格等全盘统制管理。都市实行严格配给，农村则除留下最低自用量外，全部由政府强行收购，并鼓励台人以番薯代替米食用。

对于米、糖等重要产品的外销，总督府更是严格管控。1939年5月，总督府以律令第5号公布《台湾米谷移出管理令》，实行所谓米专卖，规定所有出口到日本的米谷，全部由总督府收购，台湾总督府新设米谷局作为管理机关。总督府还另外就日本进口米谷问题，与日本政府农林省协议，以决定每年次的米谷供应量。同年10月，总督府以律令第6号公布《台湾糖业令》，对制糖会社的经营进行管制，规定制糖厂的设立、原料采取区域、甘蔗的处分、制糖事业的歇业或转让等，都必须获得总督府的许可，才能进行。在糖的运销方面，关于砂糖的贩卖数量种类、品质、定购分配、贩卖价格、销路等，都由日本糖业联合会台湾支部向总督府申请，必须获得许可之后才得进行。以此将台湾最重要的出产米、糖的贸易都操纵在总督府手中，并对糖业的生产过程进行干预。

因战时劳力不足，殖民政府还对劳力进行限制，规定工矿学校毕业生的录用须呈报政府，以便统筹分配；对工场工作时间，要求机械器具、船舶车辆、金属制造业等的职工每日工作时间最少在 12 小时以上；限制农、畜、林、水产业以外的产业雇用壮年劳工的数量，使壮年劳工流入最急需的产业部门；为防止工人流动，限制工人的离职、解雇和新雇；对工资实行统制，限制工资的上涨等。劳力统制一方面保证了殖民政府急需的产业部门对劳动力的需求，另一方面则使殖民政府的强力统制到达每一个人，最后发展到动员台湾人民走上中国和南洋战场，充当日本侵略战争的炮灰。

为推行战时经济统制，殖民政府通过设立经济警察、各种统制会社以及后来的皇民奉公会组织等，来确保各项法令的动员和实施，严密而强大的警察网络在经济统制方面尤其起着重要的作用。在战时经济统制之下，台湾人民生活日益困顿，被迫节省下来的粮食、资金及其他各种资源，除了投入岛内有限的军需工业外，均被殖民政府投向日本军国主义这个无底洞。

 皇民化运动

1936 年底，小林跻造就任总督后，发表统治台湾的三项原则："皇民化、工业化、南进基地化"。从该年底到二战结束，日本在台湾的殖民统治迈入新的阶段，即皇民化时期，日本在台湾推行极端的"内地化"政策，通过各种手段将台湾人民同化为日本人。皇民化运动推行的原因，在于战时台湾作为日本的南进基地，需要台湾人民的支持和合作。此时台湾虽已被日本殖民统治40余年，但日本人对台湾人并没有多少信心，毕竟台人和大陆人民同文同种，一般在内心仍认同中国是祖国；而在台日人数量太少，台、日人比例为17:1，殖民统治当局非常担心台人会在中日战争中对日本人倒戈相向，帮助中国。为确保台湾人的忠诚，殖民政府决定对台人加强"皇国精神"的教育，使其成为"真正的日本皇民"。

皇民化运动大概分两个阶段进行。第一个阶段是1936年底到1940年，是"国民精神总动员"阶段。七七事变爆发后，中国抗日战争全面展开，日本近卫内阁发表国民精神总动员计划实施纲要，台湾总督府也设置国民精神总动员本部，加速皇民化运动。该阶段运动的重点，在于通过各种思想宣传与精神动员，消除台湾人的祖国观念，灌输大日本臣民思想。殖民政府要求台湾人说"国语"（日语）、穿和服、住日式房子，放弃台湾民间信仰和祖先牌位、改信日本神道教并参拜神社，同时也要每日向日本天皇的居所膜拜。1940年，殖民政府还公布更改姓名办法，要求台人废汉姓，改日姓。第二阶段从1941年4月皇民奉公会成立到1945年，是皇民奉公运动时期。由于前一阶段小林跻造总督强力推行皇民化运动，在宗教问题上执行过火，引起台人反感，继任的长谷川清总督为促成内、台一家，主张以社会动员的方式，网罗各阶层领导者，推动皇民化运动的进行。1941年4月，皇民奉公会成立，全台百姓都是奉公会会员。皇民奉公会设中央本部，其下设有支部、支会（州厅）、分会（市郡）、区会（街庄）、部落会、奉公班等，与总督府以下各级行政组织完全重叠，并配合保甲系统。地方精英不论愿意与否，都被笼络为各层级的奉公会干部。另外还设有产业奉公团、文学奉公团、爱国妇人会等多种团体，作为皇民奉公会的外围组织。皇民奉公会除了替总督府改造台湾人，驱使台人心甘情愿投入"圣战"外，还担负战时募兵、经济动员等工作，如推动鼓励储蓄报国、献金报国等。各级皇民奉公会组织的建立，将运动推向社会的最基层。

皇民化运动就内容来说，主要分为四个方面：宗教旧俗改革、"国语"运动、改姓名运动、志愿兵制度。在宗教旧俗改革方面，1936年底展开宗教的"正厅改造运动"，以日本国家神道信仰取代台湾民间的传统信仰，要求台湾人把家中牌位、神像烧掉，改奉神宫大麻（指由日本伊势神宫所颁布的神符）于正厅。神社的增建及升格也被列为重要项目，此一时期，日人所增建的神社数量为原来的一倍左右，圆山的台湾神社因此于1944年升格为"台湾神宫"，成为台湾第一大神社。

所谓"国语"运动，是指在台湾全面推广日语。虽然台湾的日语教育已实行多年，但日语的普及则是在皇民化时期。当时殖民政府在台湾大量设立"国语讲习所"，推动社会人士学习日语。1937年4~5月，总督府全面禁止报纸的汉文版，早期师范学校开设的汉语课程也被取消。为鼓励台湾人学习日语，对全家大小完全使用日语交谈的家庭，颁发"国语家庭"的牌子，并在小孩升学、任职公家机关及食物配给等方面给予优待。到 1943 年，台湾人有 80% 对日语有所了解。

改姓名运动，是指废汉姓，改成日本姓。因为不是强制性，所以 1940 年改姓名法令颁布后，一般人并不热衷，1941 年底，全台人口中仅 1% 改了姓名；到 1943 年底，全台共有 17526 户改姓名，人数为 126211 人，约占当时人口的 2%。当时改姓名的主要是一些社会精英或者是与公务有关的人员，改姓名虽不是强迫性质，但这些人群还是感觉到环境气氛上的压力。不过很多人即便改了名，为了不数典忘祖，多设法将原来的姓保留下痕迹，如"林"改成"小林"、"若林"，"吕"改成"宫下"，"陈"改成与地望有关的"颍川"，等等。

七七事变以后，为弥补人员的不足，日本人开始在台湾征用军夫，负担军中杂役。之后又有台湾人被征调担任翻译人员，随军派往华中、华南及东南亚，加入日本的战地工作。对于上战场替军队劳动的人，殖民政府给他的家宅贴上"荣誉之家"的字样。荣誉之家的子弟，升学时也会受到特别照顾，以此鼓励台湾人应征。日本入侵东南亚后，殖民政府还征用山地少数民族（日本称之为"高砂族"），组成高砂义勇队，前后派遣 5 次，约 2500 人参加。如果再加上以后的募兵、征兵，至战争结束为止，台湾少数民族总共被动员投入战争的人数约有 2 万多人，而当时少数民族总人口约为 15 万多人。随着战争规模不断扩大，所需兵员越来越多，日本当局从1942年开始在台湾实施陆军特别志愿兵制度，向台湾人募兵。1942年6月中途岛之役中日军大败，战况对日本转趋不利，日本当局因兵源缺乏，于1943年实施海军特别志愿兵制度。综合陆、海军募兵制的实施，共有1.6万多名台湾青年加入日本军队作战。1944年中，日本的战况更加吃紧，从9月开始在台湾实施全面征兵制。1945年初，日本在台湾全面征兵，役龄青年都被征召入伍。到8月15日日本宣布投降为止，总计台湾人当日本兵的人数有8万多人，而被征为军属、军夫的，更多达12万多人，他们当中有3万多人死于日本所谓的"大东亚圣战"。

皇民化运动是日据后期日本殖民者为强化殖民统治，使台湾人民成为其战争机器的一部分，而采取的强力同化台湾人民的手段。在此过程中，台湾人民的传统文化被强行割裂，有部分人的祖国认同产生混淆，成为亲日派；更多的人处于徬徨苦闷当中，如同"亚细亚的孤儿"，被动承受殖民统治所留下的历史烙印。但也有些积极的勇士，不堪殖民政府的奴化统治，离开台湾，投身祖国的抗日革命事业。

九　台湾光复

　　1945 年 8 月 15 日，日本宣布投降，中国人民经过艰苦卓绝的八年抗战，终于打败日本侵略者，取得抗日战争的胜利，台湾得以重回祖国怀抱。国民政府任命陈仪为台湾省行政长官公署行政长官，前往台湾主持各项接收工作。根据陈仪等人的建议，国民政府在台湾推行与内地各省体制不同的行政长官公署制度，以尽量保留台湾的行政效率，使台湾政治、经济各方面平稳过渡。陈仪是国家社会主义的拥趸，参与接收台湾经济事业的国民政府资源委员会则致力于建设国营工矿业，因此接收后台湾建立起以公营经济为主体的经济形式，土地也大多收归公有。光复后，行政长官公署还采取了一系列措施，消除日本殖民统治的影响，在台湾重建中华文化。但光复初期行政长官公署的一些不当施政和贪污腐化，加上经济形势的恶化，曾造成二二八事件的发生。国民政府于是在台湾改行省制，继陈仪主持台政的魏道明、陈诚致力于台湾的稳定，并注意发展台湾的工农业生产。

国民政府收复台湾的准备

抗日战争爆发后，国民政府很早就表达了要收复台湾的决心。1938 年 4 月 1 日，在国民党临时全国代表大会上，蒋介石表示要以解放朝鲜、台湾人民为职志，这是国民党首次在正式场合提出要收复台湾。太平洋战争爆发后，1941 年 12 月 9 日，国民政府正式对日宣战，并郑重宣布："所有一切条约、协定、合同有涉及中日之关系者，一律废止。"1942 年 4 月间，陪都重庆举办了一系列光复台湾的宣传活动，众多国民党军政要员，如孙科、陈立夫等人都阐述了收复台湾的意义。同年 11 月 3 日，国民政府外交部长宋子文在重庆举行记者招待会，明确表示："中国应收回东北四省、台湾及琉球，朝鲜必须独立。"表明了国民政府否定包括《马关条约》在内的中日间一切条约，在领土方面则要恢复到甲午战争之前状态的立场。1943 年 11 月，中美英三国首脑在开罗召开会议，商讨对日共同作战，以及战后对日处置等问题。在开罗会议上，中方向美方正式提交了"日本于九一八事变后向中国侵占之领土（包括旅、大租界地）及台湾、澎湖，应归还中国"的方案，并在随后的讨论中据理力争。12 月 1 日，三国首脑签署的《开罗宣言》正式公布，明确规定日本从中国窃取的所有领土，如满洲、台湾、澎湖列岛等，都应归还中国。《开罗宣言》的发表，为战后国民政府收复台湾提供了国际保障和法律依据。

　　在进行舆论宣传和外交争取的同时，国民党还注意策动台胞抗日，并试图在台湾同胞中发展自己的组织。当时在大陆有台籍志士组织的抗日团体，如台湾民族革命总同盟、台湾独立革命党、台湾革命党、台湾革命同盟会等，国民党曾给予少量的经费资助。1940年，国民党中央组织部部长朱家骅遵蒋介石指示，约谈在大陆的台籍志士刘启光、谢南光、宋斐如等人，准备成立国民党台湾省党部。1941年2月，中国国民党直属台湾党部筹备处在香港成立，由翁俊明任筹备处主任，刘启光为秘书。香港沦陷后，筹备处曾迁至广东和江西泰和。1943年4月，国民党中央将筹备处正式升格为直属台湾党部，翁俊明任主任委员、林忠任委员兼书记长，为了方便向岛内发展党务，台湾党部迁至福建漳州办公。同年11月18日，翁俊明中毒身亡，死因不明，国民党中央以林忠继任，1944年1月又以萧宜增继任。党部则由漳州迁往永安，1945年5月再迁福州。台湾省党部自筹备以来，也做了一些工作，如在泰和办党务干部训练班，编印《台湾问题参考资料》，参与台湾光复的舆论宣传，等等。但因为存在严重的关门主义、宗派主义倾向，不仅未能负起指导其他台湾抗日团体的责任，还和台湾革命同盟会等其他团体有诸多矛盾，以致其工作经常陷于停顿，工作成效不佳。1945年9月17日，在国民党中央六届十次中常委会上，台湾党部彻底改组，原主任委员、书记长均被免职，原委员中仅丘念台、谢东闵等4人留任。

开罗会议之后，收复台湾已成定局，国民政府正式启动收复台湾的筹备工作。1944年3月，蒋介石批准在国防最高委员会中央设计局内成立台湾调查委员会，曾任福建省主席并于1935年赴台考察的陈仪出任主任委员。4月17日，台调会在重庆正式成立，委员有王芃生、沈仲九、钱宗起、周一鹗、夏涛生等人，大多是陈仪任福建省主席时的行政班底。6月，增加林忠为专任委员，李友邦、李万居、谢南光等为兼任委员，之后又陆续任命黄朝琴、林啸鲲、游弥坚、刘启光、宋斐如、丘念台等台籍人士为专任或兼任委员，基本上做到了吸纳在大陆的各派台籍人士共同参与。台调会统筹规划台湾的收复事宜，成立后首先致力于搜集、整理有关台湾的资料，对台湾内政、外交、军事、财政、金融等各方面进行调查，并编译日本统治时期的各种法令。在大量收集、整理资料的基础上，台调会起草了《台湾接管计划纲要草案》，并开设台湾行政干部训练班和台湾干部讲习班，分民政、工商、交通、财政、金融、农林牧渔、教育、司法8个组，用4个月的时间，为台湾接收工作培训台籍干部130多人。

在筹备台湾收复工作时，比较有争议的是台湾的行政制度问题。在台调会委员中，有人认为应该将台湾看做特殊地区，如蒙古、西藏、新疆等；有人认为台湾本来就是一省，清代即设有巡抚，如今在日人建设下，已有一定基础，所以应该视为内地的一省。在台调会之外，也有不少人表示应尽快筹备台湾省政府，并提醒对台湾集权式的总督府制，接收之后必须反其道而行之，给台人高度的自治。在省制和特别行政区之外，还有一种折中意见，如黄朝琴就认为台湾从前是一省，收复后必须改省，但台湾政治、经济建设以及风土人情和大陆各省相差很远，所以在短期内应该维持台湾的现状，并给予台湾首长较大的权限。陈仪的看法和黄朝琴接近。他在 1935 年参访台湾时，就对总督府的行政高效印象深刻，鉴于大陆各省现行体制的弊端，陈仪主张在接收初期实行特殊的行政制度，以保留日人的行政效率，待三五年后再做修改。台调会拟订的《台湾接管计划纲要》虽然也建议台湾实行省制，但对接管后的省政府，则建议其应该拥有较大的权力。

当国民政府就台湾省制及人事安排讨论未定之时，1945 年 7 月 26 日，美、英、中三国发表《波茨坦公告》，宣布"开罗宣言之条件必将实施，而日本之主权必将限于本州、北海道、九州、四国及吾人所决定其它小岛之内"。不久，美国向日本长崎、广岛投掷原子弹，迫使日本投降。8 月 14 日，日本政府宣布接受《波茨坦公告》，次日日本天皇广播投降诏书。胜利比预料中更快到来，使国民政府无暇对接收问题再做更多讨论，接收计划只能仓促定案。8 月 29 日，蒋介石特任陈仪为台湾省行政长官，兼任台湾警备司令；31日，由国防最高委员会先行公布《台湾省行政长官公署组织大纲》，到 9 月 20 日，才以国民政府训令颁布《台湾省行政长官公署组织条例》，取代组织大纲。大纲规定台湾省行政长官隶属于行政院，依据法令综理台湾全省政务；行政长官在其职权范围内可以发布署令，可以制定台湾省单行条例及规章；行政长官受中央委托办理中央行政，对在台湾的中央各机关有指挥监督之权；行政长官公署设秘书、民政等九个处，另设秘书长一人，辅佐行政长官综理政务，并监督各处及其他专设机关事务等。从上述规定来看，台湾的行政体制采纳了陈仪、黄朝琴等人的意见，更多照顾到台湾地区的特殊性，与内地省制有所不同，台湾省行政长官公署的权力明显大于内地省政府的权力。只是在名称上未采取黄朝琴的意见，没有以省的名义，而代之以台湾人民陌生的"行政长官公署"。尽管国民政府和陈仪等人只是将行政长官公署制当做短期内的一个过渡，但陈仪作为行政长官，这种兼行政、立法、军事权力于一身的方式，很容易让台湾人民联想起日据时期的台湾总督，因而引发疑虑，并为之后台湾人民反对行政长官公署的施政埋下隐患。

台湾省行政长官公署成立后，台湾接收工作开始进入实施阶段。台调会的使命结束，于 10 月 29 日宣告终止。

接收工作的进行

陈仪被任命为台湾行政长官和台湾警备司令后，于 9 月 1 日在重庆成立台湾省行政长官公署和警备总司令部临时办事处，并派警备总部参谋长柯远芬具体负责筹划赴台受降接收事宜。9月9日，日本向中国政府投降的签字仪式在南京举行，在台湾的日军第十方面军参谋长谏山春树也是投降代表之一，当天晚上，冈村宁次下令，在中国包括台湾、澎湖的全部部队，一律向中国政府投降。9月14日及26日，张廷孟率领的第22、23地区空军率先飞台，分驻台南、台北两地，成为日本投降后第一批入台驻防的中国军队。9月28日，台湾警备总司令部前进指挥所成立，由长官公署秘书长葛敬恩任主任，警备总司令部副参谋长范诵尧任副主任。两单位指派专门委员及参谋人员42人，加上5名记者和宪兵1个排34人随行，于10月5日飞抵台北。前进指挥所到台后，一方面为相关军事接收和国军来台做准备，向日本第十方面军司令安藤利吉递交了《中国战区台湾省警备总司令部备忘录》，命令安藤利吉负责日军在台湾地区的军事投降工作，确保在台日军不可轻举妄动，听候指示，并将一切在台的军事力量、设施、武器、物资等迅速制成报告书和图表清册，送呈台湾警备总部，以准备投降工作的进行。另一方面负责调查台湾经济现状和物资储备情况，以准备下一步的正式接收。10月17日，国军第70军军长陈孔达率部进驻台湾，国民政府直属各机关驻台人员、由柯远芬率领的台湾省行政长官公署及警备总部第一批工作人员，也进驻台北。前进指挥所于是逐步结束使命，于10月25日撤销。10月24日，陈仪从重庆飞抵台北。

10月25日，中国战区台湾省受降典礼在台北市中山堂举行，日本前台湾总督兼第十方面军司令官安藤利吉等 5 人代表驻台日军向中国方面投降。林献堂、林茂生、杜聪明等人代表台湾人民，也参加了受降仪式。当日陈仪发表声明，宣布从即日起，台湾及澎湖列岛正式重入中国版图，所有一切土地、人民、政事都已置于中华民国国民政府主权之下。这一重要的日子，经翌年 8 月台湾省行政长官公署颁布命令，成为台湾"光复节"。

受降以后，台湾省行政长官公署在台北正式成立，而接收工作也从 11 月 1 日起正式展开。为了对台湾实施党政军全面接收，长官公署与警备总部合组接收委员会，统一管理各项接收事宜，由陈仪兼任主任委员，依据"行政不中断、工厂不停工、学校不停课"的原则，办理各项接收工作。接收委员会内分财政、金融、会计、工矿、民政、军事等 11 组，除军事属警备总司令部接收外，其余都由行政长官公署下属各主管单位负责人兼任组主任。

军事方面的接收，由警备总部负责。为统一台湾地区军事接收的步调，以便接收工作顺利进行，警备总部成立了台湾地区军事接收委员会，由陈仪担任主任委员，警总参谋长柯远芬为副主任委员，委员则包括驻台各兵种负责人。委员会下设若干组，分别对应日军各兵种，执行接收工作。当时在台日军共有 16 万余人，在台日侨约 29 万余人。在正式接收之前，日军基本上已按照前进指挥所的命令，自行收缴武器装备，分别在驻地分类入仓，士兵则按指定地点，集中于城市以外的山地乡村，仅留少量步枪作为守卫之用。军事接收工作进行得颇为顺利，除武器、装备集中收缴外，缴械后的日军也全部集中管理。12 月底日军俘虏遣返工作开始，截至 1946 年 4 月 29 日，共遣返前日本陆海军人员 16.1 万人。日侨的遣返工作从 1946 年 2 月 21 日开始，截至 4 月 29 日，共计遣返 28.5 万日人回国。留在台湾的还有各部门留用的日籍技术人员和其家属、琉球人以及战犯共 3 万余人，到 1947 年 4 月后也陆续遣返。

行政接收方面，1945 年 8 月底，国民政府即任命葛敬恩为台湾省行政长官公署秘书长，又派钱宗起、周一鹗、赵乃传、张延哲、赵连芳、包可永、徐学禹、胡福相等分任秘书、民政、教育、财政、农林、工矿、交通、警务处处长。受降之后，行政长官公署正式成立，各处即接手对应的原总督府各部门的工作，其他行政接收工作则由民政处长周一鹗任主任委员的接管委员会组织实施。在民政处主持下，11 月 7 日，又成立台北州、新竹州、台中州、台南州、高雄州、台东厅、花莲港厅、澎湖厅 8 个接管委员会，负责办理各州厅以下各级机构的接管工作。台北市接管工作，则由台北市政府办理。至次年 4 月 30 日，各级行政机构的接收工作顺利完成。地方行政区划和机构、业务等，大体沿袭日据时期，不过也做了一些调整，如将户籍工作划归民政部门，添设了地政局等。

经济方面，日据时期，土地与工矿业等，主要由台湾总督府和日人企业及个人拥有，光复后，按照敌产处理办法，原由日人拥有的产业，均由政府接收。以土地来说，台湾省土地总面积为360万公顷，日据时期，公有地占到土地总面积的66.4%，剩下33.6%为私有地，在这私有地当中，又有18%属于在台的30余万日人及日资企业、日人社团所有。光复后，这些公有地及日人私有地全部被收归公有，使光复后公有土地面积达到265万公顷，占到土地总面积的73.6%。工业方面，当时主要由国民政府资源委员会和行政长官公署工矿处负责接收。1946年4月，资委会确定接收石油、炼铝、金铜、糖业、电力、制碱、纸业、肥料、水泥、机械造船10项事业，其中前3项由资委会独办，其余7项由会省双方按"会六省四"的分股方式合作经营。有些企业内有台湾人股份，接收后并到省方的四成股份内。资委会挑剩下的约121家日本人企业，包括煤矿、纺织、钢铁机械、玻璃、橡胶、印刷纸业、油脂等12家公司，由台湾省接办，1946年9月，上述12家公司合并为工矿公司。仿照工矿公司，台湾省行政长官公署还成立台湾农林公司，接收日据时期的农产品加工业，下面分设凤梨、畜产、茶叶、水产4个分公司。其他一些较小的企业，则通过出售或租赁的方式，交给私人经营。当时接收的经济部门还有专卖局、物资局、工业研究所等。专卖局管理烟、酒、火柴、樟脑的生产和销售；物资局则掌管物资进出口及仓库等。这样，通过接收，行政长官公署建立起庞大的公营经济，并继续了日据时期的统制政策。

在金融和货币方面，行政长官公署接收了台湾银

行。为防止法币将大陆日益严重的通货膨胀引入台湾，
行政长官公署决定在台湾实行独立的货币金融体系，
由台湾银行发行台币，作为台湾地区的通行货币。有
关台币的印制、发行及新旧币兑换等事宜，均由台湾
银行办理，中央银行仅在台派驻监理人员，对台湾银
行的业务进行监督。独立的货币金融制度的实施，对
减少大陆通货膨胀对台湾的影响，有一定的帮助。

　　除上述接收工作外，其他如教育、财政、警政等，
也由相应部门成立接管委员会负责接收，各项接收工
作基本进展顺利。1946 年 5 月，台湾民意机关台湾省
参议会召开成立大会，台湾省行政长官公署的各项工
作至此可算都已基本走上正轨。

消除日本殖民统治影响的
各项措施

　　台湾光复后，行政长官公署逐渐建立起在台行政
体系，各项工作次第展开。台湾既已重回祖国怀抱，
台湾人民重新成为中国公民，日本殖民统治的一些痕
迹，特别是日据末期皇民化运动的影响，必须尽量消
除，台湾省政当局为此采取了一系列去殖民地化的措
施，并加强中华文化的影响。

　　1946 年 1 月 12 日，行政院发布《恢复台湾同胞国
籍令》，称："查台湾人民，原系我国国民，受敌人侵
略，致丧失国籍。兹国土重光，其原有我国国籍之人
民，自三十四年十月二十五日起，应即一律恢复我国

国籍。"使台湾人民自动恢复中国国籍。6月22日，行政院又公布《在外台侨处理办法》，同样规定从1945年10月25日起，在海外的台湾人民也自动恢复中国国籍，其法律地位和待遇，与一般华侨相同。

为破除日本统治观念的影响，1945年11月17日，行政长官公署又公布《台湾省各县市街道名称改正办法》，将日据时期很多涉及纪念日本人物，如明治町、儿玉町；或者宣扬日本国威，如大和町、朝日町；或者明显是日本名的街道名称，限期改为具有下列意义的名字：一，发扬中华民族精神的中华路、信义路、和平路等；二，宣传三民主义的三民路、民权路、民生路、民族路等；三，纪念国家伟人的中山路、中正路等；四，适合当地地理或习惯且比较有意义的名字，等等。这次修改后的街道名称，如今在台湾各城市仍可经常见到。

日据末期皇民化运动期间，殖民政府曾推行改名字运动，让台湾人民改姓日本姓。1945年12月12日，行政长官公署公布了《台湾省人民回复原有姓名办法》，规定："凡台湾人民使用之姓名为日本式者，统准予在三个月内向所在村（里）办公处申请回复原有姓名，山地同胞无原有姓名者，准参照中国式姓名方式自定姓名。"

通过教育去殖民地化是尤为重要的手段。1945年9月，教育部全国教育善后复原会议决议台湾教育应以"祖国化"为指导原则。1945年11月至翌年4月30日，台湾教育接收工作进行完毕，禁止日语教学，落实国语、国文教学，是当时教育的当务之急。陈仪曾发布台湾省行政长官公署令，并设立台湾省国语推行委员会，负责推展战后台湾的国语运动。日据时期设于台湾各地的"国语讲习所"，也被改为"国语推行所"。正如陈仪 1946 年 2 月在台湾省中学校长会议上所说，"本省过去日本教育方针，旨在推行'皇民化'运动，今后我们就要针对此实施'中国化'运动"。光复初期的教育因此以强化民族意识、脱离日本支配、扫除奴化思想、教育机会普及和提升文化素质等为主要目标。

在文化领域，光复初期也进行了一些去殖民地化的举措。1945 年 11 月，台湾省籍知识分子游弥坚、杨云萍、陈绍馨等成立台湾文化协进会，通过出版书籍，或者举办音乐会、画展等形式，积极宣传祖国文化，努力肃清日本殖民文化的影响。而行政长官公署在其制定的 1946 年工作纲要中，也强调对于日据时期印行的书刊、电影，如果有涉及诋毁中国、国民党或者曲解历史的，一律予以销毁；同时准备设立专门的编译机关，编辑教科参考书和必要的书籍图表。从文化战线消除日本殖民统治的影响。

光复初期的去殖民地化举措，对战后台湾精神、文化的回归，以及在台湾重建中华文化，有一定的积极作用。但这些去殖民地化的举措，有些不免操之过急，如禁止日文、日语，没有采取循序渐进的方式，对大批接收日语教育的台湾人民，缺乏同情与了解，以致这个群体产生强烈的被排斥感，甚至造成生活、工作的困难，使得语言问题政治化。

4　一场悲剧的发生：二二八事件

　　台湾回归祖国不久，由于陈仪主持下的行政长官公署的施政不当和贪污腐化，加上光复初期经济形势恶化，发生了一起台湾人民反对行政长官公署施政的悲剧性事件，对战后台湾政治产生深远影响。

　　台湾光复，回到祖国怀抱，台湾人民真心欢迎。当日本战败投降的消息传到台湾时，台湾人民欢欣鼓舞，为了在国民政府前来接收前维持社会安定，不少台湾人自发组织"治安维持会"、"三民主义青年团"等团体，负责维持地方秩序，使台湾社会在这段权力真空期能够平稳运转，为国民政府顺利接收台湾，做好铺路工作。台湾人民还自发组织"欢迎国民政府筹备会"，到处树立牌楼，营造欢迎祖国接收的新气象。他们还自发学习国语，学唱国歌，悬挂国旗，真心期待着新时代的到来。他们以为，在赶走日本殖民者、回归祖国后，可以当家做主，可以一扫日据时期身为次等民族，被奴役、被压迫的郁闷，很多台籍精英更期待有参政的机会。然而，接收之后，他们却感到了巨大的心理落差。

　　政治上，新成立的行政长官公署的重要职位以及县市长等，主要由大陆籍人士和从大陆返台的所谓"半山"，如黄朝琴、刘启光、谢东闵等人充任，没有给日据时期的台籍精英担任重要职位的机会。接收的工矿企业的中上级职位也主要由大陆籍人士充任，台湾人只能担任较低级职位，当然这和日据时期的畸形教育，造成台湾中上层技术、管理人才缺乏有关。由于台湾相对大陆各省来说，地处偏远，很多人不愿来台，行政长官公署为延揽各方面人才，对来台的大陆籍人士给予津贴，造成同样职位，台湾人的收入要比大陆人低。这些都使台湾人民目中所及，是台湾本地人和大陆人的不平等待遇。光复后行政长官公署为使各部门能平稳过渡，还留用大批日人官吏、企业技术人员和日警，这也造成台湾人民的极大反感。

经济方面，接收后土地和工矿企业大多收归公有，日据时期的部分统制政策和专卖制度也被延续下来，台湾人民没有分享到胜利的果实，被禁锢的枷锁也未被打破，内心的失望可想而知。在接收日产过程中，国民党中央规定的地产处理办法，在台湾不一定适用，因台湾很多产权关系非常复杂。如有些土地表面上属日本人，但实际上仍归台湾人所有，或由台湾人与日本人共有。日本人被遣送回国前，或将土地赠与台湾友人，或以低价出售，或用来抵充债务，内容非常复杂，确认起来很困难。台湾人在企业中的股份，由于资料不全，也往往难以清理。行政长官公署将日人土地与企业均收归公有，在此过程中有的伤害到台湾人的利益。公营经济范围的扩大，使工商资产阶级尤感失望。

尽管陈仪本人廉洁奉公，不少来台的接收工作人员，特别是工矿业技术管理人员也能做到认真、负责地工作，但由于陈仪知人不明、律下不严，大

九　台湾光复

147

陆国统区的吏治败坏、贪污腐化、行政效率低下等弊端，也被带到了台湾。来台驻军在台湾人民面前也呈现出士气疲惫、低落的一面。这些使经历巨大心理落差的台湾人民对行政长官公署的施政更为失望和不满。

最糟糕的是光复后台湾经济状况一直在恶化。日据末期，台湾遭受美军飞机轰炸，农田和水利设施遭到破坏，工厂、厂矿更是损毁严重，陷于瘫痪。由于对外交通中断，化肥、工业设备和原料的进口来源断绝，台湾的工农业生产都受到严重影响。光复后，行政长官公署多方努力，寻求化肥进口。工矿业方面，资委会和行政长官公署也致力于工厂的恢复和重建，以便尽快恢复生产。然而二战之后，全世界都处于百废待兴状态，各方面资源本身都很有限，国民党政权此时在大陆又忙于内战，无法对台湾提供财政支持，反而要依赖台湾资源的输入。台湾的工农业生产因此恢复缓慢。工厂长期不能复工，加上行政长官公署实行专卖制度和垄断贸易，工商业者得不到发展的机会，导致失业问题极为严重，年轻人找不到工作，在社会上游荡，成为社会不安定的因素。被日军征召到东南亚的台籍士兵、军伕回台后，进一步加剧了这一问题的严重性。光复后的农业生产因为化肥短缺和水利工程破坏，也不易恢复，以致粮食减产严重，光复初期的粮食产量跌至 60 万吨，而日据时期最高产量曾达到 140 万吨。粮食减产，造成光复之初的"粮荒"问题，加上 1947 年 2 月初上海爆发"黄金风潮"，大陆通货膨胀传导到台湾，使台湾米价飞涨，有段时间市场上甚至买不到米。行政长官公署一度不得不继续实行日据末期的统制政策和配给制度，到处搜罗粮食，但行政长官公署的粮食政策不仅不能解决粮荒问题，反而引起台湾社会的不满情绪，不少人怀疑粮食被政府运到大陆。

在生存成为问题的情况下，台湾人民和行政长官公署的矛盾一触即发，而当时陈仪等人完全没有意识到问题的严重性，未采取任何疏导或防范措施。接收时来台的第 62 军、第 70 军，也在日俘、日侨遣返后不久因为国民党"剿共"的需要，被撤回大陆，台湾驻军仅有宪兵一营和公署卫队一连，兵力十分空虚。

压倒骆驼的最后一根稻草，二二八事件的导火索，是一起私烟查缉流血案件。行政长官公署实行烟酒等专卖制度，但当时有人从上海、香港走私烟到台湾贩售，私烟的批发一般在淡水一带，专卖局为此专门设立查缉组进行对私烟等的查缉。1947 年 2 月 27 日，警察和专卖局查缉员接到私烟走私消息，于是立即赶往淡水，但赶到时，走私人员已经散去。他们随后到台北文教聚会最多的天马茶房用晚餐，用完晚餐后出来不久，发现一个中年寡妇林江迈和她年幼的子女在贩卖私烟，查缉员上前盘问，并没收所有的烟和她卖烟的钱。林江迈苦苦哀求，请查缉员发还卖烟所得的钱和专卖局所制的烟，但查缉员不予理睬，引起路人围观求情，查缉员仍是不理，围观群众于是愤而喊打。

查缉员见人多势众，慌张逃跑，在被群众追赶途中，慌乱的查缉员拔枪示警，误中一位在自家门口看热闹的市民陈文溪，使其后来伤重而死。这使周围民众更加愤怒，纷纷包围查缉员曾进去躲避的派出所，并捣毁派出所内门窗桌椅。派出所早已将查缉员送到宪兵队保护，闻知消息的专卖局和宪兵队都曾派人前来查看，但都未做相应处理。

2月28日，台北地区有民众发动罢工、罢市、罢课，一时响应者众。台北民众曾先后包围专卖局台北分局和总局，但政府方面仍未采取相应措施。大批民众于是前往行政长官公署请愿，要求惩凶和赔偿，民众包围长官公署，并要求行政长官陈仪出来解决问题。陈仪原打算见民众说明，但被其部属劝阻。群众愤怒难消，和公署守卫发生冲突，警卫开枪打死打伤民众数人。至此，事态扩大。请愿民众控制了台湾广播电台，批判行政长官公署施政不当，号召民众驱逐各地官员。更多人走上街头抗议，外省人成为抗议民众发泄怒气的对象，从28日到3月1日两天，台北市区有不少外省人遭到毒打，甚至有人被当场打死。但也有善良的台湾民众帮忙藏匿外省人，避免了更多的外省籍军、公、教人员在这次群众运动中被伤害。当日陈仪宣布实行临时戒严，军警巡逻市区，不免又和民众产生新的冲突。

3月1日以后，事态逐渐向全岛扩散，全岛各大市镇都发生暴动。愤怒的民众袭击当地政府机关、军队、警察局等，还有被迁怒的大陆籍人士遭到殴打，各地都几乎陷入无政府状态。在嘉义、台中、高雄等地，甚至爆发武装冲突。面对全岛的混乱局面，陈仪请台湾籍民意代表出面，希望能平息事态。3月1日上午，台北市参议会在中山堂召开紧急会议，有国民参政员、国大代表、省参议员参加，讨论缉烟血案和民众抗议事件的处理问题。第二天，民意代表面见陈仪请愿，提出解除戒严、释放被捕台胞、官民合组二二八事件处理委员会等要求，陈仪表示有关台湾同胞福利的意见无不接受。于是由官民合组的台湾省"二二八事件处理委员会"于3月5日正式成立，每日开会讨论如何应对当前的局势，台北市及各县市的处理委员会也相继纷纷成立。陈仪连续发表广播讲话，表示要惩罚凶手，希望台北市民与政府合作，维持社会治安，严守秩序。3月6日，台湾省处委会提出处理二二八事件的32条意见，包括解除军队武装，实行地方自治，扩大台人参政及参与公营事业经营权，撤销专卖局、贸易局等，陈仪表示接受。当日，处委会负责人王添灯等人发表《告全国同胞书》，强调台湾人民的目标只是要改革本省政治，并不是要排斥外省同胞，对于事件中外省人遭到殴打一事，王添灯等表示感到痛心，并保证今后绝不再发生。王添灯等人的言论，说明台湾人民发动二二八事件，主要是对行政长官公署的施政感到不满，希望进行地方政治改革。

然而，处委会在中山堂的会议对参与者并不加以限制，以致参加讨论者的成分越来越复杂，提出的要求也越来越多。3月7日，处委会通过决议，在此前的

32条之外，又追加10条要求，包括解散政府组织如警备司令部、宣传委员会等。这使陈仪等人感到事态已非武力解决不可，于是，陈仪一方面敷衍民众，一方面请求蒋介石派兵来台。3月8日和9日，宪兵第4团和整编21师先后在基隆登陆，进驻台北，并在不到一星期的时间里，武力平定全台。但陈仪等人认为有不少枪械和反政府领导人隐匿民间，于是从3月下旬开始清乡行动，宵禁、挨家挨户搜查，还有"连坐"，使台湾人民处于恐怖的气氛中。

二二八事件是一场台籍精英要求政治经济改革的民主运动。事件中，冲突主要发生在都市地区，乡间相对平静。主要参与者为各阶层知识分子，妇女、工人、农民参与者较少，在事件中被伤害的也较少。由于行政长官公署的施政不当，由于政府和民众间的沟通不畅与隔膜，由于事件初起时政府没能及时处理，等等，众多的原因纠结在一起，使事态逐渐扩大，让民众付出了生命代价，并在战后台湾历史上，留下一道深深的伤痕，影响到后来台湾的政治发展。

 ## 台湾改行省制和魏道明、陈诚主台

在二二八事件发生的消息传到南京后，国民党中央就有意见要撤换陈仪，改行政长官公署制为省政府制。陈仪面对台湾人民要求改革省政的呼声，也曾表示要做这样的改正。1947 年 4 月 22 日，行政院决议撤销行政长官公署，改订《省政府组织法》，在台湾实行省制，并将军政分离。陈仪引咎辞去行政长官兼警备总司令职，国民政府新任命在美国方面形象良好的魏道明为台湾省主席。5 月 15 日，魏道明抵台，他颁布了一系列措施，来化解二二八事件的影响：如解除戒严，结束清乡工作，撤销新闻、图书、邮电检查以及交通、通讯方面的军事管制等。为延揽更多台湾精英进入省政管理层，魏道明遵照国民党中央的意见，对台湾省政府机构进行调整，在各厅处增加副首长一职。改组后的台湾省政府各机构中，台籍人士的比例明显提高。14 名省府委员中有台籍人士 7 名，为避免偏重"半山"之嫌，选任林献堂、杜聪明、南志信、陈启清 4 名真正的本土精英为省府委员。在省府 12 个厅处中，因丘念台坚辞不就民政厅长，共有农林处、警务处、粮食局、卫生处四单位首长由台籍人士担任，另外各厅处副首长也尽量任用台籍人士。

针对事件中台湾人民对经济改革的要求，1947 年 5 月省政府成立后，即撤销专卖局，另设烟酒公卖局，樟脑公司改归建设厅，火柴公司则开放民营，不过烟酒公卖局仍然是台湾省财政收入的重要来源。贸易局也予裁撤，代之以物资调节委员会，其经营重点也改为调剂物资供需，而不再是财政上的收益。除上述火柴公司外，台湾省政府还将台湾工矿公司所属的印刷纸业和化学制品分公司，以及少量县市营企业转为民营，但公营经济的主体地位并未改变。鉴于大陆通货膨胀日益严重，台币盯紧法币无法随市场调整比率，以致台币遭遇不公平、通货膨胀传导到台湾的情况，新的省政当局调整了台币与法币的汇兑比率，将其调整为 1:44，此后几乎每个月都有所调整，到该年底已调到 1:90。1947 年底上海物价再度飞涨，台币定期调整比率已跟不上市场的变化，于是从 1948 年 1 月 13 日起，改成按市场行情每日挂牌，实行动态调整办法，直到 8 月 19 日大陆实行金圆券改革。针对粮食问题，台湾省政府在 1947 年 5 月 1 日公布《台湾省粮户余粮及合作社粮商存粮办法》；5 月 10 日，废止余粮登记办法，并订颁余粮售卖管理办法；5 月 12 日，撤废省粮食调剂委员会；7 月 9 日，通过粮食收购办法，并改进随赋征购稻谷与肥料换谷政策。一系列的粮食政策，旨在降低农户损失，并和粮食大户形成竞争削价的局面，从而稳定粮价。针对台湾人民对土地的要求，从 5 月起，各县市陆续推行公地放租，到 1948 年 5 月，放租耕地面积约达 10.4 万公顷（10.7 万余甲），占全省耕地总面积的八分之一；放租农户 12.4 万余户，超过全省农户数的五分之一。

自魏道明主政后，通过一系列政经措施的推行，台湾社会渐趋稳定。

1948 年底，国民党在大陆的政权已经大厦将倾，台湾成为国民党政权最后一条"救生艇"（陈诚语）。有不少国民党党政要人来到台湾，大量物资也开始调运来台。为了保住台湾这条"救生艇"，蒋介石在下野前夕，任命亲信陈诚为台湾省主席兼警备司令，接替魏道明主持台政。1949 年 1 月 5 日，原本在台养病的陈诚正式就任台湾省主席一职。陈诚上台后，首先实施入境限制，以防止中共地下党人进入台湾。1949 年 5 月，陈诚更在台湾颁布戒严法令，封锁港口，实施宵禁，居民外出必须携带身份证备查，否则一律逮捕，至于人民的言论、集会、结社等自由，更是严格禁止。除了政治上的严格管控外，陈诚还实施了币制改革、三七五减租等措施，着力于台湾的经营。

大陆国统区自实行金圆券改革以后，通货膨胀不仅没有刹住车，随着内战的扩大、国民党政权的日益腐朽，这一问题更是变本加厉。台币与金圆券挂钩，即使实行随市场变动调整利率，因金圆券贬值太过严重，台币也无法控制地随之快速贬值。大量军政机关与人员迁台后，为支付高额相关费用，台湾省政当局不得不大量增发货币，以致通货膨胀问题进一步加重。当时物价上涨的速度和幅度都非常惊人，有"一日三市"，也就是一天之内价格浮动三次的说法。面对这一严重的恶性通胀问题，1949 年 6 月，台湾省政府实施币制改革，宣布以旧台币 4 万元兑换新台币 1 元，并停止与大陆货币的汇兑，从而将台湾与大陆国统区的恶性通胀切割，使台湾市场渐趋稳定。

1949 年 3 月，台湾省政府召开第一次全省行政会议，会上议定 1949 年施政计划，确定以三七五减租和粮食增产为该年的中心工作。土地改革虽然是国民党在大陆一直没有能力完成的事情，但国民党内部有不少人意识到了土改的重要性。二战以后美国为了对抗共产主义，也曾试图在第三世界国家推行土地改革。抗战期间陈诚在任湖北省主席时，曾在湖北推行二五减租，因此对土地改革一事比较积极。出任台湾省主席后，陈诚争取到中国农村复兴联合委员会的资金和技术支持。该委员会1948年10月1日成立于南京，由中美政府互派农业方面的专家组成，自美援中提供经费，其主要职责在激发农村改革的兴趣并提供经济及技术协助，自成立以后就比较注重土地改革实验的进行。台湾的土改从三七五减租开始。当时台湾半自耕农、佃农和雇农约占农户总数的三分之二，其佃耕的土地达耕地总面积的一半。同时台湾的租佃制度对佃农、雇农的压迫也很严重。台湾的佃租普遍采取五五分成，在土地肥沃或者人口密集的地区，佃租额高达六成，像土地最为肥沃的台中以及人口最为密集的新竹两地，佃租更高达七成。高额佃租之外，押租、预缴地租以及无固定租佃合同等不利于佃方的情形，也很大程度上存在。为改善业佃关系，减轻农民负担，魏道明就任省主席后，台湾部分地区已开始试办三七五减租，即政府规定农地地租额不得超过该地上正产物年收获量的375‰。但减租政策受到地主阶层的抵制，地主纷纷撤佃，所以推行极不顺利。陈诚主理台政后，坚定地推行减租政策，在省政府相关会议上强调三七五减租要贯彻实施，并指示各县市长，一方面明令对违抗减租政策的地主，将从严议处；另一方面对于拥护政策的地主，则多方给予奖励。从

1949 年 5 月下旬起到 6 月中旬止，台湾全省完成更换耕地租约 36.8 万多件，换约农户 29.9 万余户，虽然有少数因纠纷或地主住址不明等特殊情形，未完成换约，但全省换约工作基本完成，新的租约即按 375‰约定佃租率。三七五减租对减轻佃农负担、改善佃农生活，从而提高佃农的农业生产兴趣，增加对农业的投资，起到积极的作用。三七五减租完成后，各县市耕地单位面积产量和总产量，均有显著增加，这对即将到来的大量迁台人口的食粮问题的解决，有非常重要的意义。减轻占农户比例极高的佃农的租佃负担，对农村社会的安定，也有一定的作用。在推行三七五减租的同时，陈诚还积极推动了台湾最为重要的农民组织——农会的改组，将农会和合作社重新进行合并，从而为国民党政权通过农会组织进入台湾农村基层社会创造了条件。

除了从租佃制度方面为粮食增产创造条件外，台湾省政府还通过多种措施，增加粮食生产。为解决农业生产最急需的化肥问题，台湾省政府一方面帮助台湾本地化肥工业恢复生产，提高本地产化肥产量；另一方面设法从海外购入肥料，以较低价格配售给农民，并实行肥料换谷制度，使农民在收获前免费得到肥料，收获后再按一定比率以稻米偿还，在解决农民肥料问题的同时，使政府掌握更多的粮食。当时的农业施政还注意指导农民改进耕作技术，包括奖励推广优良品种，改良秧田设置，推广水稻小株正条密植，奖励深耕，防止病虫害等。水利也是农业增产的必要条件之一，台湾省政府为配合粮食增产，对于河川堤防和灌溉工程的兴修工作极为注意，1949年所修的水利工程，较光复后各年均有显著增加，使农田受益面积增加了2.5万余公顷。水利工程的兴修对于粮食增产作用匪浅。此外，台湾省还拨出大量资金，办理农业贷款，使农民避免高利贷剥削，减低生产成本，并奖励开垦荒地，以增加稻谷耕作面积。上述种种措施使台湾农业生产有显著发展，1949年粮食产量超过预定目标的120万公吨，即将赶上日据时期的最高水平。

为发展工业生产，陈诚对公营事业进行了整顿，在接任省主席一职后，筹划成立了"台湾区生产事业管理委员会"，将台湾光复后由资源委员会和台湾省政府合营的事业以及省营事业，全部收归该委员会统一管理，无论生产计划的拟定、生产贷款的核定以及生产机构的调整，均经生产管理委员会决定。通过统筹规划、统一管理的方式，将资金优先投向能够创造外汇，或者台湾省内最急需的部门。

为稳定台湾社会，陈诚还在台湾积极准备实施地方自治。1949年3月14日，台湾省政府公布《台湾省各县市村里民大会推行办法》，7月23日公布《台湾省各县市村里民大会政治训练办法》，8月22日又公布《台湾省各县市政府督导村里民大会成绩考核奖惩办法》，督饬全省各县市认真办理村里民大会，先从基层开始地方自治实践。并于8月15日特别设置地方自治研究会，研拟实施县市地方自治的各种重要法规，积极从事实施地方自治的各项准备工作。次年，台湾各县市正式实施地方自治。

通过陈诚主台期间的各项举措，台湾工农业生产有所发展，台湾社会相对稳定。1949 年 10 月 1 日，中华人民共和国成立，该年底，国民党政权从大陆败退台湾。

参考文献

1. 张海鹏、陶文钊主编《台湾简史》，凤凰出版社，2010。

2. 陈孔立主编《台湾历史纲要》，九州出版社，2006。

3. 戚嘉林：《台湾史》，海峡学术出版社，2007。

4. 柯平：《反割台抗日运动》，天津古籍出版社，2004。

5. 矢内原忠雄：《日本帝国主义下之台湾》，台湾帕米尔书店，2007。

6. 柯志明：《米糖相克：日本殖民主义下台湾的发展与从属》，台湾群学出版有限公司，2003。

7. 赖泽涵、马若孟、魏萼：《悲剧性的开端：台湾二二八事变》，罗珞珈译，台湾时报文化出版企业公司，1993。

8. 白纯：《鸦片战争中台湾军民的抗英斗争述略》，《南京政治学院学报》2010年第3期。

9. 吴密察：《明治国家体制与台湾——六三法之政治的展开》，《台大历史学报》第37期，2006年6月。

10. 左双文：《国民政府与台湾光复》，《历史研究》1996年第5期。

11. 白纯：《战后台湾光复过程中的受降与军事接收问题述略》，《军事历史研究》2002年第2期。·

《中国史话》总目录

系列名	序号	书名	作者
物化历史系列（28种）	30	石器史话	李宗山
	31	石刻史话	赵　超
	32	古玉史话	卢兆荫
	33	青铜器史话	曹淑琴　殷玮璋
	34	简牍史话	王子今　赵宠亮
	35	陶瓷史话	谢端琚　马文宽
	36	玻璃器史话	安家瑶
	37	家具史话	李宗山
	38	文房四宝史话	李雪梅　安久亮
制度、名物与史事沿革系列（20种）	39	中国早期国家史话	王　和
	40	中华民族史话	陈琳国　陈　群
	41	官制史话	谢保成
	42	宰相史话	刘晖春
	43	监察史话	王　正
	44	科举史话	李尚英
	45	状元史话	宋元强
	46	学校史话	樊克政
	47	书院史话	樊克政
	48	赋役制度史话	徐东升
	49	军制史话	刘昭祥　王晓卫
	50	兵器史话	杨　毅　杨　泓
	51	名战史话	黄朴民
	52	屯田史话	张印栋
	53	商业史话	吴　慧
	54	货币史话	刘精诚　李祖德
	55	宫廷政治史话	任士英
	56	变法史话	王子今
	57	和亲史话	宋　超
	58	海疆开发史话	安　京

系列名	序号	书 名	作 者
交通与交流系列（13种）	59	丝绸之路史话	孟凡人
	60	海上丝路史话	杜 瑜
	61	漕运史话	江太新　苏金玉
	62	驿道史话	王子今
	63	旅行史话	黄石林
	64	航海史话	王 杰　李宝民　王 莉
	65	交通工具史话	郑若葵
	66	中西交流史话	张国刚
	67	满汉文化交流史话	定宜庄
	68	汉藏文化交流史话	刘 忠
	69	蒙藏文化交流史话	丁守璞　杨恩洪
	70	中日文化交流史话	冯佐哲
	71	中国阿拉伯文化交流史话	宋 岘
思想学术系列（21种）	72	文明起源史话	杜金鹏　焦天龙
	73	汉字史话	郭小武
	74	天文学史话	冯 时
	75	地理学史话	杜 瑜
	76	儒家史话	孙开泰
	77	法家史话	孙开泰
	78	兵家史话	王晓卫
	79	玄学史话	张齐明
	80	道教史话	王 卡
	81	佛教史话	魏道儒
	82	中国基督教史话	王美秀
	83	民间信仰史话	侯 杰　王小蕾
	84	训诂学史话	周信炎
	85	帛书史话	陈松长
	86	四书五经史话	黄鸿春

系列名	序号	书名	作者
思想学术系列（21种）	87	史学史话	谢保成
	88	哲学史话	谷 方
	89	方志史话	卫家雄
	90	考古学史话	朱乃诚
	91	物理学史话	王 冰
	92	地图史话	朱玲玲
文学艺术系列（8种）	93	书法史话	朱守道
	94	绘画史话	李福顺
	95	诗歌史话	陶文鹏
	96	散文史话	郑永晓
	97	音韵史话	张惠英
	98	戏曲史话	王卫民
	99	小说史话	周中明　吴家荣
	100	杂技史话	崔乐泉
社会风俗系列（13种）	101	宗族史话	冯尔康　阎爱民
	102	家庭史话	张国刚
	103	婚姻史话	张 涛　项永琴
	104	礼俗史话	王贵民
	105	节俗史话	韩养民　郭兴文
	106	饮食史话	王仁湘
	107	饮茶史话	王仁湘　杨焕新
	108	饮酒史话	袁立泽
	109	服饰史话	赵连赏
	110	体育史话	崔乐泉
	111	养生史话	罗时铭
	112	收藏史话	李雪梅
	113	丧葬史话	张捷夫

系列名	序号	书　名	作　者
近代政治史系列（28种）	114	鸦片战争史话	朱谐汉
	115	太平天国史话	张远鹏
	116	洋务运动史话	丁贤俊
	117	甲午战争史话	寇　伟
	118	戊戌维新运动史话	刘悦斌
	119	义和团史话	卞修跃
	120	辛亥革命史话	张海鹏　邓红洲
	121	五四运动史话	常丕军
	122	北洋政府史话	潘　荣　魏又行
	123	国民政府史话	郑则民
	124	十年内战史话	贾　维
	125	中华苏维埃史话	杨丽琼　刘　强
	126	西安事变史话	李义彬
	127	抗日战争史话	荣维木
	128	陕甘宁边区政府史话	刘东社　刘全娥
	129	解放战争史话	朱宗震　汪朝光
	130	革命根据地史话	马洪武　王明生
	131	中国人民解放军史话	荣维木
	132	宪政史话	徐辉琪　付建成
	133	工人运动史话	唐玉良　高爱娣
	134	农民运动史话	方之光　龚　云
	135	青年运动史话	郭贵儒
	136	妇女运动史话	刘　红　刘光永
	137	土地改革史话	董志凯　陈廷煊
	138	买办史话	潘君祥　顾柏荣
	139	四大家族史话	江绍贞
	140	汪伪政权史话	闻少华
	141	伪满洲国史话	齐福霖

系列名	序号	书　名	作　者
近代经济生活系列（17种）	142	人口史话	姜　涛
	143	禁烟史话	王宏斌
	144	海关史话	陈霞飞　蔡渭洲
	145	铁路史话	龚　云
	146	矿业史话	纪　辛
	147	航运史话	张后铨
	148	邮政史话	修晓波
	149	金融史话	陈争平
	150	通货膨胀史话	郑起东
	151	外债史话	陈争平
	152	商会史话	虞和平
	153	农业改进史话	章　楷
	154	民族工业发展史话	徐建生
	155	灾荒史话	刘仰东　夏明方
	156	流民史话	池子华
	157	秘密社会史话	刘才赋
	158	旗人史话	刘小萌
近代中外关系系列（13种）	159	西洋器物传入中国史话	隋元芬
	160	中外不平等条约史话	李育民
	161	开埠史话	杜　语
	162	教案史话	夏春涛
	163	中英关系史话	孙　庆
	164	中法关系史话	葛夫平
	165	中德关系史话	杜继东
	166	中日关系史话	王建朗
	167	中美关系史话	陶文钊
	168	中俄关系史话	薛衔天
	169	中苏关系史话	黄纪莲
	170	华侨史话	陈　民　任贵祥
	171	华工史话	董丛林

系列名	序号	书 名	作 者		
近代精神文化系列（18种）	172	政治思想史话	朱志敏		
	173	伦理道德史话	马 勇		
	174	启蒙思潮史话	彭平一		
	175	三民主义史话	贺 渊		
	176	社会主义思潮史话	张 武	张艳国	喻承久
	177	无政府主义思潮史话	汤庭芬		
	178	教育史话	朱从兵		
	179	大学史话	金以林		
	180	留学史话	刘志强	张学继	
	181	法制史话	李 力		
	182	报刊史话	李仲明		
	183	出版史话	刘俐娜		
	184	科学技术史话	姜 超		
	185	翻译史话	王晓丹		
	186	美术史话	龚产兴		
	187	音乐史话	梁茂春		
	188	电影史话	孙立峰		
	189	话剧史话	梁淑安		
近代区域文化系列（11种）	190	北京史话	果鸿孝		
	191	上海史话	马学强	宋钻友	
	192	天津史话	罗澍伟		
	193	广州史话	张 苹	张 磊	
	194	武汉史话	皮明麻	郑自来	
	195	重庆史话	隗瀛涛	沈松平	
	196	新疆史话	王建民		
	197	西藏史话	徐志民		
	198	香港史话	刘蜀永		
	199	澳门史话	邓开颂	陆晓敏	杨仁飞
	200	台湾史话	程朝云		

《中国史话》主要编辑
出版发行人

总　策　划	谢寿光	王　正	
执行策划	杨　群	徐思彦	宋月华
	梁艳玲	刘晖春	张国春
统　　筹	黄　丹	宋淑洁	
设计总监	孙元明		
市场推广	蔡继辉	刘德顺	李丽丽
责任印制	岳　阳